MCS

相続・遺言・介護
の悩み解決

終活大全

司法書士 福村雄一［編著］

Gakken

5人に1人が認知症になるといわれる時代。高齢者が金融機関を訪れ、トラブルになるケースもあるそうです。いま金融機関で起こっていること、その対応について、京都信用金庫くらしのサポート部安藤小百合さんに聞きました。

判断力が低下した顧客への金融機関の対応

「困った」お客様ではなく、「困っている」お客様

「年金が入金されているはずだ！」

80歳になる男性のお客様（Aさん）が、年金の入金がない月に毎日のように来店されたことがありました。職員が「今月は年金の入金がない月ですよ」とくり返し説明しても理解が得られませんでした。

困った職員が「ご家族の方はいらっしゃいますか？」と聞いてみると、妹さんがいると教えてくれました。Aさんから妹さんの連絡先をお伺いし、電話連絡を入れると、妹さんもAさんにどう対応してよいのか困り果てていた様子でした。

よくよく話を聞くと、妹さんは、ご家族から「もうAさんに関わらないで！」と強く言われていたようです。

「もしかしたらAさんは認知症で、Aさんもご家族も困っていらっしゃるのでは……これは**金融機関だけでは解決できることではない**」

そう判断した職員は、Aさんの妹さんのご了解を得て、地域包括支援センターに連絡し、介護サービスの利用につなげ

ることができました。Aさんは認知症を患っており、福祉のサービスが必要だったのです。

認知症を患ったお客様からは、「振り込みはどうなった！」「通帳が見当たらない」など、ひっきりなしに電話がかかってくるケースがあります。一見「困ったお客様」なのですが、困っているのはお客様なのです。そして、その**困りごとのなかに、お金のことだけではなく、お客様が本当に求めていること、生活課題の解決の糸口があります**。

金融機関は、お客様の変化や困り感を直接感じることができる立場にあります。**「気づき」を支援につなげる**ことでお客様やご家族のサポートになるように、地域包括支援センターとの連携を2018年より始めています。最近では、ご家族、ご本人の協力のもと、地域包括支援センターに相談し、迅速にサービスに結びつける事例が増えてきています。

窓口は高齢者の「生活」が見える場所

来店されるお客様のうち、6～7割は65歳以上の高齢者です。なかには、接客をしていると認知機能に衰えがあると感じさせる方もいらっしゃいます。

認知症をもつ方もそうでない方も生活している以上、「お金の管理」を避けて通ることはできません。税金や納付書による各種の支払い、口座振替など、ご自身の口座のお金を動かすために、自分でATMや窓口にお越しになる方もいれば、50代や60代の息子・娘さんに連れられてお越しになる方もいらっしゃいます。ATMの前で戸惑われている高齢のお客様に「お手伝いしましょうか」とお声がけし、ご案内することも少なくありません。

「金融機関の窓口」は、高齢の方々がくらしにまつわるお金のことをどの程度ご自身で把握されているのか、ご本人を取り巻く家族や生活の状況などが目に見える場所ということができるでしょう。

まず、お客様の立場に立って耳を傾ける

窓口で認知症を患うお客様に接するとき、お客様の立場に立つべきか、お客様のご家族の側に立つべきか、悩むケースがあります。ご預金はもちろんお客様本人のものですので、できる限りご本人のご意思を反映できる方法を追求していきます。

また、お客様の立場で、認知症によって生活にどのような影響が出ているのか、その対応を考える必要があります。先ほど紹介したAさんの場合も、まずはAさんの意思を確認しながら妹さんとも相談

しました。

場合によっては、ご本人の利益を第一に考えて弁護士や税理士、司法書士、介護の専門家に協力を仰ぎながら対応していきます。**専門家が入ることで具体的な解決方法が見えてくる**こともありますが、それがお客様、ご家族の本意と異なる場合があるということも知っておく必要があります。

また、ご本人の「判断能力」が低下している場合は、**ご本人とご家族とが話し合いながら、思いを整理していただく**ようにお願いしています。

地域とともにある金融機関として、お客様のくらしとお金の課題に対して、親身になって寄り添い、ともに解決していけるような取り組みを進めています。

高齢の親をもつ
「子世代」にとっても

いまは大丈夫でも
近い将来に備えたい
「親世代」にとっても

不安を
乗り切るために
知っておきたい
終活のお金問題
があります

目次

相続・遺言・介護の悩み解決　終活大全

第1章

認知症になったら、大事な資産は凍ってしまうかもしれない

第2章

病院は最期まで面倒をみてくれない

第3章

80歳以降にかかるお金、ほんとはいくら?

第4章

葬儀とお墓と不動産は金融MAPの一丁目

第5章

お金を生かす遺言書

第6章

必須！ 保険の見直し

第7章

80歳からお金に困らずどのように生きていくか

装丁 喜来詩織（entotsu）
本文デザイン・DTP・イラスト 井上玲
校正 菱田秀則（菱田編集企画事務所）
編集協力 ㈱風土文化社
企画編集 藤原蓉子

本書の読み方

終活ではお金の話をしよう

縁起でもないけど、大事なこと

おススメの読み方①

自分だけで読む

少ないけど不動産を残せそう。
でも兄弟の扱いに困るなあ……
まず何を話せばいいんだろう

**そろそろ話し合って
おかないといけないけど、
お金の話は正直
切り出しにくいですよね**

親の老後のお金の問題って、
どんなことが起きるのかな。
漠然とした不安のままじゃ、
話し合いにならないな

終活は何から始めたら
いいのかな……

話し合う前の準備として
まずは１人で
読んでみよう

おススメの読み方②

親子で読む

ここに
書いてあります

少し早いかもしれないが、
いまのうちに
遺言書を書こうと思っているんだ。
ここに書いてあるんだが……

なんだ
父さんも
話したかったのか

縁起でもない、なんて言わないで老後のお金の話は親子でするのが大事です

父さん、不動産の名義変更の
ルールが変わったって
ここに書いてあるよ。
田舎の家って
どうなってるんだっけ？

ここに
書いてあるよ！

ちゃんと考えてくれて
ありがとうな

終活をもっと効率的にする方法があります

おススメの読み方③

専門家に相談する前に読む

専門家 A
在宅医

治療や希望する
生き方を
お聞きします

専門家 B
司法書士

遺言や
後見人について
決めておきましょう

終活でわかりづらい仕組みは
専門家に聞く！
専門家の支援がないと
難しいこともあります

本当に必要なお金が
どのくらいか
考えましょう

専門家 C
金融機関・
ファイナンシャルプランナー

保険の見直し
できる項目を
探しましょう

専門家 D
保険会社・
ライフプランナー

知りたいことはこのページにあります！

子ども目線で見た

時系列でとらえる親の終活・お金問題

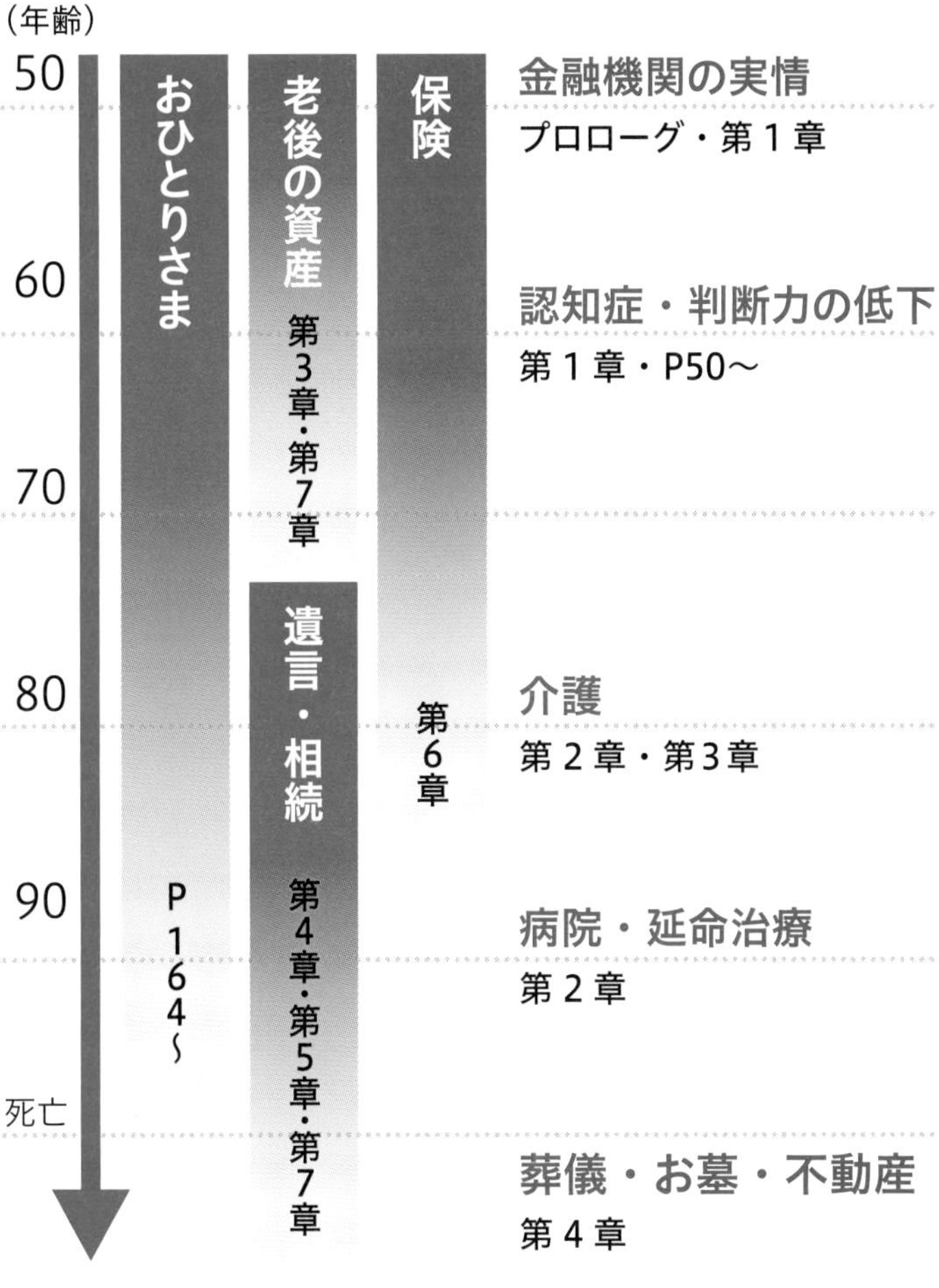
（年齢）
50
60
70
80
90
死亡
おひとりさま
P164〜
老後の資産
第3章・第7章
遺言・相続
第4章・第5章・第7章
保険
第6章
金融機関の実情
プロローグ・第１章
認知症・判断力の低下
第１章・P50〜
介護
第２章・第3章
病院・延命治療
第２章
葬儀・お墓・不動産
第４章

『相続・遺言・介護の悩み解決　終活大全』編者・執筆者一覧

編　者　福村雄一　司法書士／司法書士法人福村事務所

執筆者　安藤小百合　京都信用金庫くらしのサポート部

川嵜一夫　司法書士／とき司法書士法人

成本　迅　京都府立医科大学大学院 医学研究科 精神機能病態学

樋山雅美　リサーチフェロー／一般社団法人 日本意思決定支援推進機構

福村雄一　前掲

川邉正和　医師／医療法人綾正会　かわべクリニック

川邉綾香　看護師／医療法人綾正会　かわべクリニック

白浜仁子　ファイナンシャル・プランナー／fp フェアリンク株式会社

天野真衣　司法書士／司法書士法人福村事務所

芝　知美　司法書士／司法書士法人芝事務所

浅井健司　司法書士／司法書士法人浅井総合法務事務所

青葉洋明　司法書士／司法書士法人小川合同事務所

安藤紀子　司法書士／一般社団法人おひとりさまリーガルサポート

綿引美智代　ファイナンシャル・コンサルタント／ファイナンシャル・ジャパン株式会社

※掲載順

第1章

認知症になったら、大事な資産は凍ってしまうかもしれない

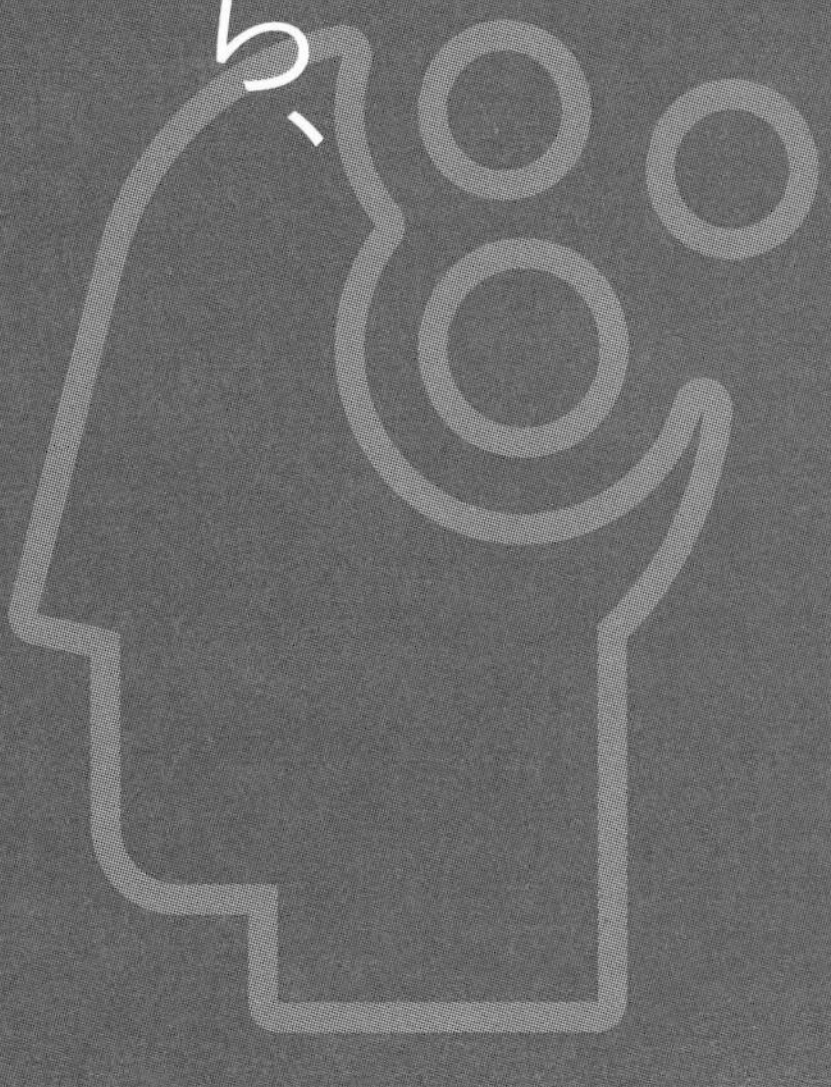

銀行の窓口で認知症を疑われると、お金が引き出せなくなる？

80歳の父が先月急に具合が悪くなって、緊急入院。順調に回復してひと安心したものの、1人で出歩くのは不自由になってきた様子。入院費や生活費は息子である自分が立て替えてきました。

そんなある日突然、父から通帳と印鑑を渡され、こう言われました。

「これで立て替えてもらった金を引き出してくれ。これからも、これでよろしく頼む」

あなたもテレビドラマで見たことありませんか？　通帳とハンコを渡して「これ使って」っていうシーン。これ、いまではムリです。

いまは、**銀行をはじめとする金融機関の本人確認がとても厳しくなってきています**。お金を引き出そうとしても、窓口で本人確認をされてしまい、残念ながら「本人が窓口に来ないとお金は引き出せない」と言われてしまうでしょう。

なぜ銀行の本人確認が厳しくなってきたのか？　理由は2つあります。

1つ目は、トラブル防止のためです。本人でない人が、通帳とハンコを持ってきたとしても、もしかすると勝手に持ち出された可能性があります。たとえ配偶者や子どもであっても、その可能性は捨てきれません。

配偶者であっても、相手（配偶者）の通帳を勝手に持ち出して、お金を引き出した後に離婚したら、その後絶対トラブルになります。「なぜ本人でないのにお金を引き出させたんだ。責任をとれ」と言われたら、金融機関も困ります。

子どもも同じです。親と子どもが不仲というのはよくあるケース。また、子ども同士が不仲ということもよくあります。兄が親のために親のお金を引き出したとしても、弟が快く思わないと、「お前が勝手に引き出したんだろう！」となってしまいます。

最近は、家族制度が希薄になって、個人の権利を主張することが多くなってきました。それに伴って、「配偶者だから」「子どもだから」というだけでは、たとえ通帳とハンコを持ってきてもお金は引き出せなくなってきました。

2つ目は、金融機関には、犯罪によるマネーロンダリングや、テロ組織への資金流入を防ぐため、法律で本人確認義務が課せられていることがあります。

２００１年のアメリカで起きた同時多発テロは衝撃的でしたが、あのようなテロ組織に資金が流れることを防ぎたいというのが国際的な流れです。日本も国際社会の一員として、マネーロンダリングやテロ組織への資金流入を防ぐ取り組みがされています。その最前線が金融機関です。ですから金融機関では本人確認を厳格に行わなければなりません。

たとえ窓口の担当者と顔なじみだとしても、免許証やマイナンバーカードなどの本人確認の書類が必要ですし、本人確認書類はお金を引き出した書類といっしょに保管されます。それらの書類は、金融機関の内部や金融庁から査察されることもあり、もしお金の引き出しの記録が本人と異なる場合、大変な責任問題となります。ですから、顔見知りだからOKとはいかないのです。

本人確認は、今後もますます厳しくなることはあっても、緩くなることはまずないと考えていいでしょう。

高齢になると、そもそもお金が引き出しにくくなる

近年は、オレオレ詐欺などの特殊詐欺のニュースをよく聞きます。これを防ごうと、一定の年齢以上の人が、一定の金額以上の現金を引き出す場合は、警察に通報する金融機関

もあるようです。

たとえば、窓口で自分の口座から１００万円を引き出そうとした75歳の人が会議室に呼ばれて、お金の使いみちを聞かれ、回答を拒んだところ、「家族にも確認します」、しまいには「警察を呼びます」という対応をされたケースもあるそうです。

別のケースでは、リフォームのための１００万円を自分の口座から引き出したら、帰り道、職員がずっと後をついてきたという事例もあります。

孫に１１０万円を贈与したい、そんな場合もあると思います。でも、窓口で「孫に贈与する」とはなかなか言いづらいものです。資金使途を聞かれても、適当にごまかそうとしてしまうと、金融機関に「振込詐欺か？」ととられかねません。

詐欺を防止したい警察からの通達もあって、このように金融機関の窓口の対応は厳格になっているのです。

認知症になると起こり得るトラブル

認知症になると、本人確認が難しくなってしまいます。

身体が丈夫で窓口に行けたとしても、「このお金は何に使いますか？」と窓口の担当者から聞かれて、うまく答えられないと、引き出しに応じてもらえない可能性もあります。身体が不自由になって金融機関に行けなければ、本人確認はさらに難しくなります。

金融機関によっては、窓口から本人に電話をかけて本人確認をしてくれる場合もあります（そこまでしない金融機関もあります）。電話口で、氏名や住所、生年月日、お金を何に使うかを聞かれます。

認知症になって受け答えが難しくなると、**たとえ本人のお金でも引き出しが難しくなります**。それだけではなく、金融機関の担当者が、本人が認知症で判断能力がなくなったと判断すると、金融機関は**口座が悪用されたりするトラブルを防止するために口座自体をロックしてしまうこと**もあります。

自分のお金なのに使えなくなってしまう。認知症になると、こんなことが起きてしまうということを知っておくべきです。

そうなると、医療費はどうするか？　介護費用は？　生活費は？

はたして認知症と診断されたら、すべて何も手続きができなくなるのでしょうか？

この後で、認知症になってもできること、できないことのお話をします。

（川寄一夫）

できる？　できない？
法律上の能力のあれこれ

認知症と診断されたら、一律に金融機関の窓口に行ってもお金を引き出せなくなってしまうのでしょうか？

そんなことはありません。

そもそも、窓口の人は、認知症と診断されているかどうかわかりません。ですから、口座の名義人本人が、出金票に記入して印鑑を押して窓口で手続きしたらお金は引き出せます。もちろん、１００万円を引きだそうとすると、窓口で「ちょっと待って」となりますが、これは認知症とは関係のないことです。年齢が75歳とか一定以上だと、誰でもそのような対応をされてしまうのです。

認知症の診断があることは、１つの目安でしかありません。認知症と診断されても、窓口に行けるし、ＡＴＭも使えるし、書類も書けるし、受け答えもしっかりできる人もいるでしょう。ときどき調子が悪いときは、物忘れがあるくらい。認知症には波があります。調子のいいときに、窓口に行けば何ら問題なく手続きできます。

判断基準はけっこう曖昧

「父は認知症なのですが、不動産を売れますか？」

私は司法書士ですが、ときどきこのような相談を受けます。司法書士は、不動産を売ったり買ったりするときの名義変更手続き（登記）が専門です。

正直に言って、認知症の程度の問題です。判断基準は実は曖昧なのです。

私が前述のお父さんに会いに行って、この不動産を売ることをしっかり理解して、受け答えがしっかりできていれば、私は登記の手続きを進めると思います。「ちょっと微妙かな？」というときもありますが、それも状況によります。たとえば、自宅ではない空き家があって、管理が大変で手放したいときなどは、お父さんの状況が少し微妙な程度で、ご家族のみなさんが了解していれば、登記の手続きを進めるかもしれません。

結局は、内容をしっかり理解していて、書類にサインができるかが1つのポイントです。ですから、認知症と診断されたらただちに何もできなくなるわけではありません。ただ、認知症は進むときはどんどん進みますので、３カ月前なら不動産の売却ができたが、いまはもうできない、ということがあります。

求められる判断能力は手続きによって違う

どんな手続きも、求められる判断能力の基準は同じなのでしょうか？　実はこれも一概には言えません。

たとえば、遺言です。「遺言書」とは、自分が亡き後に自分の財産を誰に渡すかを決めておく書類で、法律上15歳になったら書けます。

認知症になって、自分では契約ができない、という場合は「成年後見人」をつけるケースがあります。

この成年後見には、段階があって、もう自分では判断できない人は「成年後見」、不動産などの売却は誰かのサポートが必要という人は「保佐」、それよりちょっと軽いけれど、ときどき誰かの助けがいる人は「補助」と、３段階になっています（次ページ表参照）。保佐や補助のレベルなら、通常の人と同じ方法で遺言がつくれます。

しかし成年後見のレベルになると大変です。調子が特によいときに、医師２人以上が○

法定後見制度の分類

家庭裁判所に審判の申し立てを行い、家庭裁判所によって、援助者として成年後見人など（成年後見人・保佐人・補助人）が選ばれる制度。本人の判断能力に応じて、「後見」、「保佐」、「補助」の３つの類型がある。

	後見《こうけん》	保佐《ほさ》	補助《ほじょ》
対象となる人	判断能力が欠けているのが通常の状態の人	判断能力が著しく不十分な人	判断能力が不十分な人
申し立てをすることができる人	本人、配偶者、四親等内の親族、検察官、市長村長など＊１		
成年後見人など（成年後見人・保佐人・補助人）の同意が必要な行為	成年被後見人が契約などの法律行為（日常生活に関する行為を除く）をした場合には、仮に成年後見人の同意があったとしても、後で取り消すことができる	民法 13 条１項所定の行為＊ 2.3.4	申し立ての範囲内で家庭裁判所が審判で定める「特定の法律行為」（民法 13 条１項所定の行為の一部）＊ 1.2.4
取り消しが可能な行為	日常生活に関する行為以外の行為	同上＊ 2.3.4	同上＊ 2.4
成年後見人などに与えられる代理権の範囲	財産に関するすべての法律行為	申し立ての範囲内で家庭裁判所が審判で定める「特定の法律行為」＊２	同左＊２

＊1　本人以外の人の申し立てにより、保佐人に代理権を与える審判をする場合、本人の同意が必要です。補助開始の審判や補助人に同意権・代理権を与える審判をする場合も同じです。
＊2　民法13条１項では、借金、訴訟行為、相続の承認・放棄、新築・改築・増築などの行為が挙げられます。
＊3　家庭裁判所の審判により、民法13条１項所定の行為以外についても、同意権・取消権の範囲とすることができます。
＊4　日用品の購入など日常生活に関する行為は除かれます。

※法務省ホームページ を参考に作成

Ｋと言ってくれないと遺言はつくれません。保佐レベルでは、遺言は普通につくれます。遺言は公証役場でつくることがよくありますが、「この人はちょっと微妙だな」という人でも、このようなルールになっているので、公証人は遺言をつくってくれます。

ところが、不動産を売るとなると判断基準は違ってきます。保佐レベルの判断能力だと、保佐人の了解がないと不動産は売れません。ですから法律上、正式にしっかり判断できる人がついていて、その人がＯＫと言わないと不動産は売れません。司法書士は自分のクビもかかっていますので、その点の判断はとても慎重になります。

ここでは、法律的な判断能力とできること、できないことを述べました。

認知症の度合いでできることやできないことがあります。

遺言は認知症が進んで判断能力が多少低下してもつくれますが、不動産の売却は難しい。どの手続きも「本人でないとＮＧ」です。コンプライアンスが厳しくなった現代ではＮＧなのです。本人が認知症を認めていなかったり、家族が大丈夫だと思っていたりしても、法律的に判断能力を問われるとできることとできないことがあるのです。

（川嵜一夫）

ＡＴＭを操作して金銭管理ができなくなったらどうするか

では、認知症が進んだ親のキャッシュカードを家族が使ったらどうでしょう。

ここでは、家族がキャッシュカードを預かったら、それで親の認知症対策になるかについて述べましょう。

あまり大きな声では言えませんが、キャッシュカードを渡して、暗証番号を教えれば、親の口座からお金を引き出すことができます。実際そうしている家族は多いようです。

２０２０年の時点で、認知症の人は６０２万人[※1]という予想があります。

認知症＝自分でお金の出し入れができない、というわけではありませんので、この半数の３００万人くらいが自分ではお金の管理が難しいとしましょう。

一方で、２０２０年末で成年後見制度の利用者数は約23万人[※2]です。

すると、２７７万人は成年後見制度を使わずに、お金の管理ができていることになります。あまりほめられた方法ではありませんが、**現実は、子どもや知り合いが本人のキャッ**

シュカードを持ってお金の管理をしていると考えられます。

もちろん、金融機関に代理人届を出して、正式な形でお金の管理をしている人もいるでしょう。でもそれは、感覚的には少数派と思われます。

定期預金を解約する理由

通常であれば、この方法（キャッシュカードを家族に渡す）で大きな問題は生じない可能性が高いでしょう。私も大きな声では言えませんが、相談された人に、

「定期を解約して、子どもが親のキャッシュカードを持つのがいちばん簡単だし、お金もかからないですよ」

とお伝えすることがあります。

なぜ、定期預金の解約をしたほうがいいのか？

それは、定期預金の解約は金融機関の窓口で本人確認がしっかりされるからです。キャッシュカードは暗証番号を知っていればＡＴＭで誰でも操作できます。しかし、定期預金の解約は名義人本人でないとできません。定期預金の口座にそれなりのお金があっても、いざというとき、そのお金が使えないのです。

もし、認知症で判断能力がないとされると、定期預金の解約ができないどころか口座全体がロックされて、普通預金のお金も引き出せなくなってしまう可能性があります。

ですから、定期預金がある場合は、元気なうちに解約することをおすすめしています。

ほかの人にキャッシュカードを渡してお金の管理をしてもらうことの問題点

キャッシュカードを家族に渡す方法にも問題がある場合があります。

以下のケースに該当する場合は、私はキャッシュカードを渡してATMを操作する方法はおすすめしていません。

ケース1・関係のよくない家族がいる場合

認知症になりかけの母親。父親はすでに死亡。そして、子どもは長女と次女の2人。

長女は親の面倒をよく見てくれています。親も長女のことをとても信頼しています。一方、次女とは過去にイザコザがありました。父親の相続のときも次女が自分の権利を強く主張し、相続手続きが大変でした。

このような状態で、母親が自分のキャッシュカードを長女に渡してお金の管理をしてもらうとどうなるでしょうか？

長女が母親のために一生懸命お金のやり繰りをしていたとしても、相続手続きが困難になることは容易に予想されます。母親の死後、相続手続きで、母親の預金口座を解約し、不動産の名義を変更するには、長女と次女の2人の実印での押印と印鑑証明書が必要になるからです。

では、遺言があればどうでしょうか？　遺言があれば、次女の実印や印鑑証明書を必要とせず、相続手続きができます。しかし遺言があっても、「お姉ちゃんが自分のために使ったんでしょ！　本当はこれくらいお金が残っているはず」などと主張されると、トラブルに発展してしまいます。

「トラブルを防ぐために、遺言書を書きましょう」という話を聞くこともあるかもしれませんが、トラブルになる家族は遺言があってもトラブルになります。しいて言えば、預金の払い出しや名義変更がややスムーズになるくらいです。ですから、相続トラブルを防ぐには、トラブルのタネになることを少しずつ摘みとっていくくらいしかできません。いちばんいいのは家族の関係を良好に保つことですが……。

長女としてもこのようなトラブルが予測されれば、キャッシュカードを受け取って、母親のためにお金の管理をすることをためらうかもしれません。このように家族間の関係がうまくいっていない場合、キャッシュカードを渡して財産管理をしてもらうことは、おすすめできません。

ケース2・頼れる家族がいない場合

キャッシュカードを家族に渡そうにも、家族がいない場合は渡しようがありません。最近は、子どもがいない人も増えてきていますし、子どもがいたとしても県外や海外で暮らしていることもあります。

そのような状況で、自分でお金の管理ができなくなるとどうなるでしょうか？　特に子どもがいない場合は、周りの人もとても困ることになります。

B子さんは80代前半。独身で子どもはいません。1人暮らしで、唯一の身内は、県外に暮らす弟ですが、何十年も連絡をとっていないので、頼るのは難しいようです。最近、近所の人や介護のヘルパーさんとの会話がかみ合わなくなってきました。つまり、認知症が少し進んできています。

そんなB子さんがある日、家の中で倒れました。近所の人が発見し、救急車を呼び、幸いにも命に別状はありませんでした。事実上、「おひとりさま」なので、入院時の身元保証の問題はありますが、この点は病院側も受け入れてくれて、何とかなったようです。

ところが、入院で環境もがらりと変わって、B子さんの判断力の低下が進んでしまったのです。自分でお金の管理をすることもできず、入院費用の支払いもできなくなりました。

元気なときは１人暮らしができていたとしても、このような状況になると、お金の管理や日常の生活にも困ってしまいます。キャッシュカードを管理してもらう相手もいないので、いざというときに、本人も周りの人も困ってしまいます。

ケース３・大きいお金を引き出す場合

家族にキャッシュカードを渡して、お金を引き出してもらうとしても、大きいお金が必要なときはどうでしょう？　たとえば、有料老人ホームに入所する場合、最初の契約時に数百万円とか、ときには１０００万円を超えるお金が必要な場合があります。

キャッシュカードの１日の引き出しの限度額は通常50万円です。金融機関によっては、年齢がある程度を越えると少なく設定される場合もあります。

毎日50万円ずつ引き出して、10日間がんばれば、５００万円の現金を用意できる計算になります。これについては、金融機関によって対応がまちまちですが、連続して何十万円も引き出していると、金融機関から確認の手紙が届いたり、場合によっては、引き出しにストップがかけられたりするケースもあるようです。どのような対応になるかは金融機関によって異なりますので一概には言えませんが、お金の引き出しができなくなる可能性があることだけは認識しておいたほうがよさそうです。

以上のように、①関係のよくない家族がいるケースや、②そもそも頼れる家族がいないケース、③大きなお金が必要なケースでは、キャッシュカードを家族や信頼できる人に預けて対処する方法では解決できません。

そんな問題の解決方法の1つとして、成年後見制度があります。次の項では、この成年後見制度についてお話しします。

（川嵜一夫）

※1　二宮利治ほか：日本における認知症の高齢者人口の将来推計に関する研究　平成26年度 総括・分担研究報告書
https://mhlw-grants.niph.go.jp/project/23685（2024年4月5日検索）

※2　成年後見関係事件の概況　―令和2年1月～12月―　最高裁判所　事務総局家庭局
https://www.courts.go.jp/vc-files/courts/2020/20210312koukengaikyou-r2.pdf（2024年4月5日検索）

お金の管理で周りを困らせないための成年後見制度

認知症になって、お金の管理ができなくなると、ふだんの生活費のやり繰りだけでなく、入院費や施設費用、そのほかの支払いで困ってしまいます。もちろん不動産の管理にも支障が出ます。

また、生活する上でのいろいろな事務手続きにも支障が出てきます。

・入院や施設の入所の手続き
・年金の手続き
・介護保険など、行政の手続き
・身内が亡くなったとき（特に配偶者）の、相続の手続きこれらが自分でできなくなってしまうと、自分だけでなく周りの人たちも困ってしまいます。入院したくても入院手続きができなかったり、入院の費用も支払えなかったりします。介護サービスが必要なのにその手続きもできない。家族がいればある程度代わりにやってくれるのでしょうが、頼れる家族がいない場合はどうでしょう。また、家族でもお金の管理には限界がある場合があります。

そのようなとき、正式な権限で代わりにやってくれる人を立てる制度があります。それが前述した「成年後見制度」です（23ページ参照）。

成年後見人とは？

成年後見人とはひと言でいうと正式に代行してくれる人です。認知症や精神障害などで、**自分でお金の管理やさまざまな事務手続きができない人に代わって、それらのことを正式に代行してくれる人**のことです。家庭裁判所に選任してもらいます。

たとえば、5歳の子どもはお年玉をもらっても、自分で銀行口座をつくって預金することができません。だから、親が代わりに子どもの口座をつくります。それは「保護者」だからです。

でも、80歳の人は、自分でできる人もいれば、自分ではできない人もいます。ですから、その人に代行する人が必要かどうかを医師が書いた判断能力に関する診断書に基づいて、裁判所が判断します。

もちろん家族がいる人は、お金の出し入れもキャッシュカードを渡せばある程度はできますし、入院や施設入所の手続き、年金などの手続きも代行してくれるでしょう。でも、そもそも頼れる人がいない場合は成年後見人をつけてもらう必要があります。

成年後見人って誰がなるの？

それでは、成年後見人は誰がなるのでしょうか？

答えは、「裁判所が選んだ人」です。成年後見人をつけるとき、候補者を裁判所に提出することができます。家族で頼れる人がいれば、その人を候補者にすれば選んでもらえる可能性はありますが、ときには選ばれない場合もあります。

選ばれないケースで典型的なものは、家族の間で争いがある場合です。自分が認知症で、いつもお世話になっている長女を成年後見人にしてほしい。しかし、長女が成年後見人になることに次女が同意しない場合、別の人が選ばれる可能性が高くなります。

そもそも家族がいない場合、誰が成年後見人になるのでしょうか？　多くの場合は、司法書士や弁護士、社会福祉士などの後見制度の専門家が選ばれています。

介護が必要になると、地域包括支援センターの支援があったり、ケアマネジャーがついていたりしていると思います。それらの人が知り合いの司法書士などに連絡して、成年後見制度を使う流れになることが多いです。

地域包括支援センターの担当者やケアマネジャーは「この人なら大丈夫」という人を連れてくるはず。ですが、必ずその人が成年後見人になるわけではありません。あくまで選ぶのは裁判所です。相談にのってくれた司法書士なども、多くの後見の案件を抱えていると「これ以上はムリです。ごめんなさい」と言うこともあります。だから、その人が成年後見人になれるかは、ふたを開けてみるまでわからないのです。

成年後見人は費用もかかる

忘れてはいけないのは費用のことです。司法書士などが成年後見人になって、お金の出し入れや施設や行政などの事務手続きの代行をするのはあくまでも「仕事」としてです。

司法書士も自分の生活費や事務所の家賃、従業員の給料を払っていかなければいけませんから、成年後見人を無料ではできないのです。

では費用はどのくらいかかるのでしょう。

費用の額を決めるのは裁判所です。裁判所は、成年後見人がついている人の財産の大きさで金額を決めているようです。大まかな指標としては年間24万～60万円くらいです。これはあくまでも目安で、状況や地域によってまちまちです。

家族がいれば、お金の出し入れや事務手続きなど、さまざまなことを事実上無料でやってくれますが、家族は将来財産を相続するのでそれで相殺ということでしょう。ですが、家族がいない場合は、成年後見人に費用を払って代行してもらうことになります。

もし、頼れる子どもがいても、ほかに仲のよくない子どもがいると、頼れる子どももいざというとき大変です。親族間でのトラブルを避けるには、成年後見人をつけて、裁判所と二人三脚でお金の管理をしていくようにすれば、万が一のときも安心です。

（川嵜一夫）

自分で決める！　任意後見と家族信託

「頼れる子どもや、知り合いの専門家に後見人になってほしい」という希望がある場合、**後見人を予約申し込みする制度**があります。

それが**「任意後見」**という制度です。

C男さん（70歳）は、妻に先立たれ、子どももいません。近ごろは身体も弱くなり、ときどき物忘れも出てきました。将来認知症になったらどうなるのか心配です。幸い、近くに住む姪のD子さんが何かと声をかけてくれています。自分が認知症になったらD子さんに後見人になってほしいと思っています。C男さんはどうしたらいいのでしょうか？

何もしないとどうなるか？

C男さんが何もせず、認知症が進み、判断力がなくなったらどうなるでしょうか？

キャッシュカードを姪のD子さんに渡して、D子さんが了承してくれれば、お金の出し入れをはじめ、施設や医療費の支払いも頼めると思います。しかし、D子さんとしても正当な権限でしているのか不安もあるでしょう。

それに、**大きなお金が必要になったときは、キャッシュカードでは対応できません。**また、年金や行政の手続きについては、実の子どもではないので、受け付けてもらえない可能性があります。そうなると成年後見制度を利用して、D子さんが成年後見人になれば正式にこれらの手続きをすべてできることになります。

しかし、前述したように**成年後見人を選ぶのは裁判所。D子さんが選ばれるかはわかりません。**

C男さんとしては、確実にD子さんに後見人になってほしい。D子さんも了承している。その場合、D子さんに確実に後見人になってもらう方法はないのでしょうか？

それが「任意後見」という方法です。

「任意後見」とは自分で後見人を決める方法

「任意後見」とは、「後見人の予約」のような制度です。

将来、認知症が進んで判断力が弱くなったときに備えて、あらかじめ特定の人が後見人になるよう予約しておく。その制度が「任意後見」です。

任意後見の予約をしておけば、いざとなったとき、その人が必ず後見人になります。お金の出し入れや、入院や入所、行政などの手続きも、正式に代行できるようになります。

①任意後見人を予約するには

任意後見人の予約は必ず公証役場で契約する必要があります。契約をするのですから、本人にある程度、判断能力がなければできません。

ですから将来、後見人を頼みたい人がいる場合は、**判断能力がしっかりしているうちに任意後見の契約を結んでおく**必要があります。

②任意後見の手続きは2段階

実は、任意後見の契約を公証役場で行うだけでは、何も起きません。

公証役場では、公正証書の契約書を渡してくれますが、これを金融機関に持っていっても、D子さんはC男さんの口座のお金を引き出すことができません。もちろん、行政の手

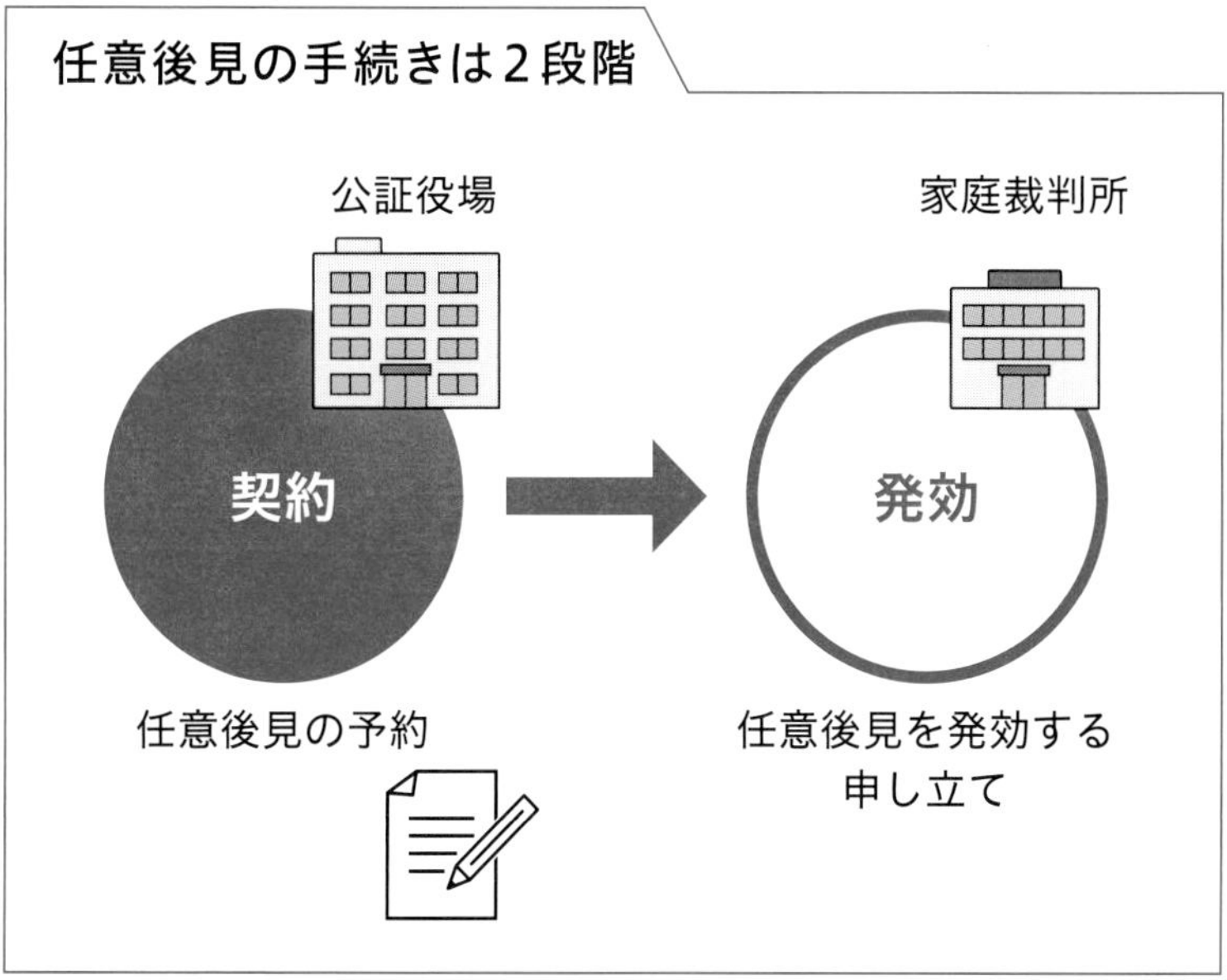

続きも受け付けてもらえません。

ではどうしたらいいのか？

任意後見は契約した後、「発効」の手続きが必要になります。

任意後見契約をしたのち、C男さんが元気で、自分でお金の出し入れも、さまざまな手続きもできている間はそのままでかまいません。その後、いよいよ判断力が低下して自分では難しくなったとき、任意後見を「発効」させ、D子さんが任意後見人として代行できるようにするのです。

発効の手続きは家庭裁判所に申し立てをします。C男さんの様子を見て、そろそろD子さんが代行しなければいけないと判断したとします。D子さんは、医師に依頼して、C男さんの判断能力が低下して、サポートが必要な旨の診断書をもらいます。その診断書と戸籍などの書類を用意して、家庭裁判所に任意後見を発効してもらうための申し立てをするのです。

③必ず監督人がつく

任意後見を家庭裁判所から発効してもらうと、正式にD子さんが後見人としてさまざまな手続きができるようになります。このとき、家庭裁判所は、D子さんに「監督人」を必ずつけます。監督人には弁護士や司法書士が選ばれることが多いです。

監督人はD子さんに、お金の出し入れや事務手続きの状況を定期的に報告するよう求めます。不正なく、しっかりC男さんのお金の管理をしているかを監督するのです。

C男さんがいくらD子さんのことを信用していても、魔が差すことがないとも限りません。このように任意後見は、第三者が監督することにより、不正が行われないような仕組みになっているのです。

ちなみに、成年後見人は家庭裁判所が監督しています。ですから、成年後見人は年に1回、家庭裁判所にお金の管理状況や事務手続きの状況を報告する義務があります。

④費用はどうなる？

任意後見は、２人の人が関与します。C男さんのお金の管理などを行う任意後見人のD子さんと、D子さんを監督する監督人です。この２人に費用が発生します。

D子さんは、任意後見人になったときいくら支払ってほしいかをあらかじめC男さんと決め、契約書に記載します。無報酬の場合もありますし、月いくらと決めることもあります。それは任意後見人を頼む人と、任意後見人になる人と話し合いで決めることになります。

親族がおらず、専門家（司法書士や弁護士、社会福祉士など）に任意後見人を頼みたい場合もあるでしょう。そのような場合は、仕事として関与することになるので、通常毎月の費用が発生することになります。

監督人の費用は家庭裁判所が決めます。これはいくらになるか、はっきりとはわかりませんが、通常は、成年後見人の費用の半分くらいといわれています。現金や預金が１０００万円以上あれば、年間18万円くらいが1つの目安と考えられます。

このように、後見人をあらかじめ決める任意後見では、任意後見人に対する費用と、監督人への費用の２つがかかることになります。

⑤任意後見はお願いできることも決められる

成年後見人は、裁判所が決める保護者で、認知症になった場合にさまざまな手続きを代行してくれる人です。そうすると、基本的には、お金の出し入れ、不動産の管理、証券の管理、各種契約など、どんなことでもできないと困ってしまいます。

しかし、任意後見は自分が元気なうちに後見人を予約する制度。お金の出し入れはお願いしたいけど、証券は触らず残しておいてほしい、という場合もあるでしょう。任意後見では、何を頼むかもあらかじめ決めることができます。任意後見では、やってほしいこと、やらなくても大丈夫なことを契約するときに公正証書で決めておきます。

このように、自分が認知症になったときに頼みたい人がいる、頼みたいことがある場合は任意後見契約をしておくことをおすすめします。任意後見の契約は、判断力がなくなるとできなくなりますから、元気なうちにしておく必要があります。

より柔軟な「家族信託※」

E子さんは、80代後半。自宅で1人暮らしです。自分でお金の管理をする自信がなくなってきたので、キャッシュカードは長男のＦ雄さんが預かっています。

Ｅ子さんはめっきり身体が弱くなってきたので、施設に入ろうと思っています。すると自宅が空き家になります。戻ることはないだろうから、施設に入ったら自宅の売却も考えています。空き家のままだと管理も大変だし、近所に迷惑がかかります。固定資産税を払い続けるのももったいない。何より売却したお金は施設費用に使えます。

先日、知り合いの不動産業者に相談したら、気になることを言われました。

「認知症になると、売る手続きが難しくなりますよ」

元気なうちは、自宅に住み続けたいから、いま売るわけにはいかないですし、かといって、自宅を売却するためだけに成年後見人をつけるのも、大変なような気がしています。

Ｅ子さんとＦ雄さんはどうしたらいいのでしょうか？

①成年後見人では自宅を売却できない？

Ｅ子さんは、ふだんのお金の出し入れは子どものＦ雄さんにやってもらっています。子どもですから施設の入所手続きや、年金など行政の手続きも代行してくれるでしょう。ですから成年後見人をつけなくても、なんとかなる可能性が高いです。

しかし、自宅の売却は別です。自宅などの不動産を売却するときは、不動産業者や名義の変更を担当する司法書士が、慎重に本人確認をします。E子さんに判断力がなく、売却のことを理解していないとすると、売却は事実上できません。

すると、E子さんに成年後見人が必要になります。

しかし、成年後見人をつけるかどうかについては慎重に検討したほうがよいです。なぜなら、成年後見人になると、裁判所や監督人への報告が毎年発生するからです。生活や医療費などで支払った領収書をすべて保管して、お金の出し入れの出納帳も1円単位でつける必要があります。報告書には1年間でいくら収入があって、いくら支出があったかをとりまとめ、報告するタイミングでの財産すべての一覧を記載する必要もあるからです。

さらに、司法書士などの専門家が成年後見人になった場合は、毎年、費用（報酬）が発生します。この費用は、E子さんが亡くなるまで一生続きます。仮に1年で36万円だとしても、10年で360万円です。自宅を売却するために成年後見人をつければ、自宅は売却できますが、E子さんが長生きすると、成年後見人の費用で売却したお金がなくなってしまいます。これではなんのために自宅を売却するのかわかりません。

つまり、家族がお金の管理をできている場合、自宅など不動産の1点だけで成年後見人をつけるのは考えものです。家族が成年後見人になれば報告などの事務手続きが大変、専門家がなれば報酬で売却したお金がなくなってしまうかもしれない、という問題が生じてしまいます。

②家族信託という方法

そこで、まったく別の方法があるので紹介します。

それは「家族信託」という方法で、信頼できる人に名義を仮に渡す制度です。

E子さんの自宅をF雄さんに家族信託するとしましょう。

E子さんの自宅がF雄さんの名義になります。この時点では生前贈与と同じです。生前贈与では贈与税や不動産取得税など、さまざまな税金がかかって大変ですが、家族信託ではこのような税金はかからないようにできます。

家族信託は家の売却をするために名義だけをF雄さんに移して、財産上の名義はE子さんに残したままにできるからです。

簡単に言えば、自宅を家族信託すると、自宅の売却はF雄さんができるようになります。

このときE子さんが認知症で判断力がなくなっていてもまったく問題ありません。後見人

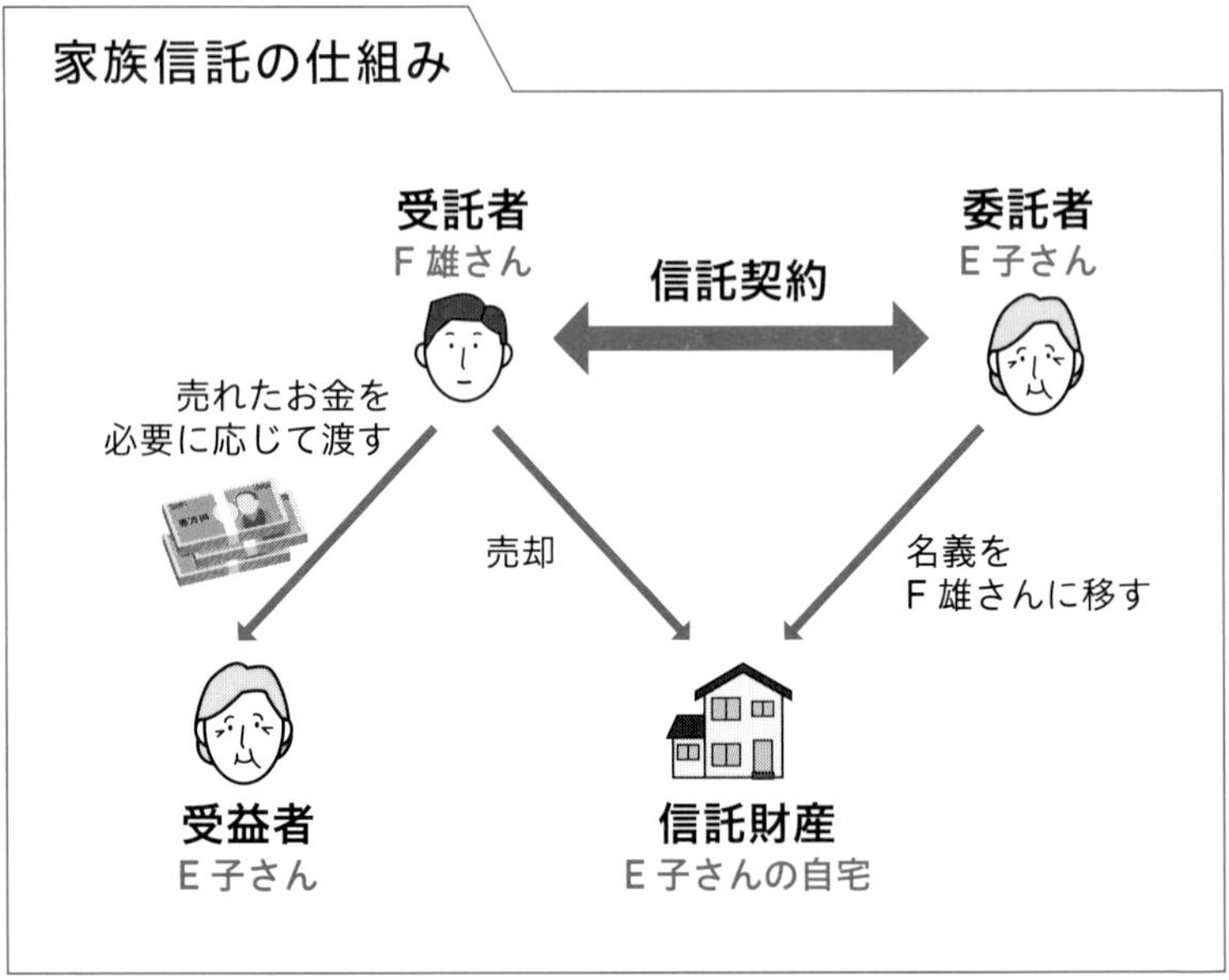
家族信託の仕組み
受託者
F雄さん
信託契約
委託者
E子さん
売れたお金を
必要に応じて渡す
売却
名義を
F雄さんに移す
受益者
E子さん
信託財産
E子さんの自宅

をつけてもらう必要もありません。

でも1点だけ問題があります。

家族信託も、E子さんとF雄さんの2人による契約です。ですからE子さんの判断力がしっかりあるうちに設定する必要があります。任意後見のように必ず公証役場で契約しなければいけないわけではありませんが、少なくともE子さんの判断力がしっかりしている必要があります。

家族信託は、自宅の売却だけでなく、収益不動産の管理を任せたい場合、会社を経営している場合など、さまざまなシーンで柔軟な使い方が可能です。ただ、設定はかなり高度な法的知識が要求されますので、経験豊富な専門家に相談することをおすすめします。

この章では、自分が認知症になるとお金の管理が難しくなることをお話しさせていただきました。頼れる家族がいる場合は、定期預金を解約してキャッシュカードを渡す方法で多くの場合、対応できるでしょう。でも、これはあくまでも裏技的な方法で正式な方法ではありません。

頼れる家族がいない場合や、関係のよくない家族がいる場合などでは、成年後見人をつけて、正式な形でお金を管理してもらう必要があります。さらに頼みたい人がいるなら元気なうちに任意後見を契約しておくのもよい方法です。施設に入ったら自宅の売却をしたい場合は、家族信託という方法もあります。

認知症になるなどして判断力に問題が出てくると、せっかくのお金がうまく使えないことがわかったと思います。元気なうちに、お金の管理について決めておくことがいちばんの対策です。

（川嵜一夫）

※　「家族信託」は一般社団法人家族信託普及協会の商標です。

認知症当事者の財産（お金）と本人の意思を反映する方法

認知症になっても本人らしい意思を尊重するには

認知症になると、何ができなくなるの？

認知症とはどのような病気でしょうか。

このように聞かれると、すぐに忘れて何度も同じことを聞くようになる（記憶障害）、日付や場所、家族など身近な人の顔が分からなくなる（見当識障害）、ATMの操作や料理などの一定の手順を踏む動作が難しくなったり、複数の情報を総合して計画を立てられなくなったりする（実行機能障害）、言葉が理解できなくなる（言語障害）といった特徴を思いつく人も多いでしょう。

これらは、**認知症の中核症状**と呼ばれるものです。テレビや雑誌などでもしばしば取り上げられるので、よく知っているという人や、耳にしたことがあるという人が大半ではないでしょうか。

では、これらの症状が、お金の管理に及ぼす影響については、どのくらいご存じでしょうか。次ページの図に、それぞれの特徴を挙げてみました。イメージし

認知症の症状がお金の管理に及ぼす影響

記憶障害
- 何度も同じ物を買ったり、くり返し口座から引き出したりする
- 現金や通帳、印鑑、証書の保管場所がわからない
- 契約時に説明を受けたことを忘れてしまう

見当識障害
- 自分が金融機関に来ていることやそこが何をするための場所なのかがわからない
- いつも対応してくれている職員が認識できない

実行機能障害
- ATM を操作できない
- インターネットでの取引ができない
- 取引の結果を見越した選択に結びつけられない

言語障害
- 説明されている内容の要点がつかめない
- 契約の要否を見極められない
- 自分の意思をどのような言葉で伝えればよいかわからない

やすいのは記憶障害で、お金の使用や保管に関する出来事が記憶に残らないということが起こります。もう1つ、特徴的なのが実行機能障害で、抽象的な事柄を理解したり見通しを立てたりすることが難しくなるので、複雑な手続きができなくなります。

たとえば、投資や保険といった金融商品の購入時に、購入までの手順やリスク、手数料の仕組みをイメージできなかったり、現在の自分の資産状況に照らして必要かどうかが判断できなくなったりします。加えて、自分が理解できていないことを相手に伝えられないままに契約してしまう危険性があります。このように、認知症の症状によって、お金にまつわる

行動はさまざまな形で影響を受けます。

認知症になったら、すぐにお金を扱えなくなるの？

では、認知症を発症すると、お金の管理はいっさいできなくなるのでしょうか。

一般に、アルツハイマー型認知症を代表とする多くの認知症は、年単位で進行し、自力でこなせることが徐々に少なくなっていきます。

認知症の症状の出方には個人差があり、進行速度も一定ではありません。また、認知症の一歩手前として知られる軽度認知障害の段階では、記憶力の低下を自覚しているものの、工夫すれば日常生活にはあまり支障が出ません。すなわち、**認知症になったからといって、すぐにお金を扱えなくなるわけではない**のです。

たとえば、認知症が軽度の段階では、記憶力が低下していても、メモを持参して買い物に行けば、適切な購買行動がとれます。

ところが、投資信託などの複雑な金融商品を購入しようとした場合、説明が十分に理解できないまま契約に至ってしまうリスクがあります。このように、**金融取引の内容によっても、できることとできないことが出てきます。**

後見制度の類型ごとの留意点とは

医療現場では、こうした認知機能の状

態を見極め、成年後見制度（24ページ参照）の類型を判定する際の根拠となる診断書を作成します。その記載にあたっては、**診察室での認知機能検査に加えて、生活状況の聴き取りや介護記録**などを参考にします。

現在は、明らかに財産管理や身のまわりのことができなくなった段階（保佐・後見相当）での利用開始が大半で、認知症は中等度あるいは重度まで進行していることが多い状況です。そのため、後見人は、事前に本人の好みや希望について十分な情報を得ることなしにお金の使い方を決めなければならなくなります。

もし、認知症がより軽い段階から補助類型を利用した場合、資産の詳細までは答えられなくても、説明を受ければ、資産状況を把握することは可能で、自分のお金をどう使いたいか、あるいは、家族のためにどのように残したいかといった希望を伝えられる可能性があります。さらには、**任意後見制度を利用すれば、健康なうちから、お金の使い方について考え、希望を伝えておくこともできます。**そこまでするのは難しいという場合も、家族などの近しい人と、自分の意思を共有しておくことが大切です。

認知症になっていても遺言が可能な場合がある

遺言は自分の希望に合わせて資産を分配することです。これは、たとえ認知症になっていても、あるいは成年後見制度を利用していたとしても可能です。しかしながら、遺言により法定相続分と異なる割合で相続となった場合、特定の相続人に不利益が生じ、相続人間同士の争いに発展してしまう可能性があります。

したがって、遺言書作成にあたってはこのような可能性を考慮できているかを確認する必要があります。そこで、こうした遺言に特有の判断能力を確認できるチェックシートや検査（遺言能力スクリーニング検査）を、一般社団法人日本意思決定支援推進機構（以下、意思決定サポートセンター※）から提供しています。

意思決定サポートセンターは、高齢者の権利擁護と本人らしい意思決定のための研究開発、サービス提供を目的に設立されました。近年は、遺言や金融取引といった高度な契約における判断能力の状態を確認し、個々人に応じた安全な契約を支援する活動に注力しています。

認知症だからといってすべてのことができなくなるわけではなく、その人の理解の程度や判断能力を個別に確認し、できる限り本人の意向を資産管理に反映させていくことが求められます。そのためには、それぞれの場面に合った判断能力の評価方法と、本人の能力に応じた契約の仕組みが必要だといえるのではないでしょうか。

（樋山雅美・成本　迅）

※　意思決定サポートセンター https://www.dmsoj.com/igon（2024年4月5日検索）

第 2 章

病院は最期まで面倒をみてくれない

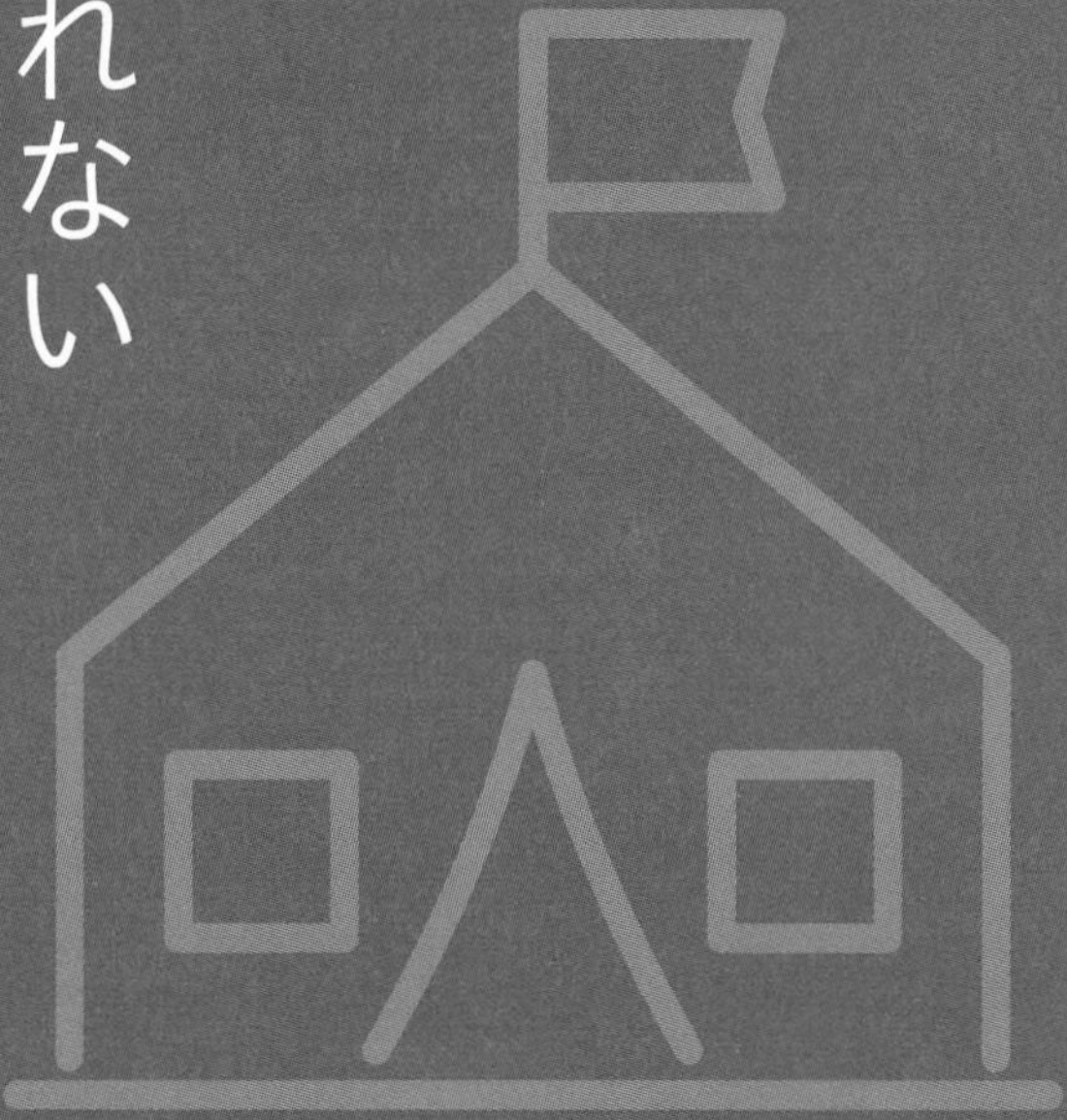

死装束の用意がないと裸で見送られることになるかもしれない

厚生労働省の人口動態調査によれば、1950年代までは自宅で亡くなるのが一般的でした。いまでも多くの人が、最期は自分の住み慣れた家で過ごしたいという希望をもっていますが、**約7割の人が病院で亡くなっています**。

病院や施設で亡くなった後、家族がいれば、病院代や医療費などの支払いは家族の手でスムーズになされます。

ところが、頼れる家族がいなければどうなるでしょう？　本人は亡くなっていますから、自分自身でそれらの手続きを行うことはできません。

「誰にも迷惑をかけたくない」とおっしゃる入院患者は多いですが、**誰かの手を借りることに間違いはありません**。

では、病院の関係者はその「誰か」になってくれるでしょうか？　決してそんなことはありません。病院もずっと遺体を安置するわけにもいきませんし、支払いをずっと待つわけにもいきません。「誰か」の手によって死後の手続きを行ってもらいたいわけです。

死後事務が押し寄せる

人が亡くなったとき、死後にはどんな手続きが待っているでしょうか？　まずは葬儀を頭に浮かべる人が多いでしょう。

ですが、葬儀以外にもとても多くの手続きが必要になります。

・病院・施設への駆けつけ、遺体の搬送手配
・遺体の安置
・死亡届の提出
・火葬許可証の取得
・関係者への連絡
・病室・施設内の私物の引き取り
・通夜、葬儀の手配、執行

・火葬、納骨
・健康保険の資格喪失手続き
・年金の受給停止の手続き
・免許証、印鑑カードなどの返納手続き
・自宅の整理、片づけ、明け渡し
・電気、ガス、水道、電話などの契約の解約
・各種費用の精算（病院代、施設代、未払税金、光熱費、携帯電話、クレジットカード利用料など）
・銀行口座の確認、相続手続き

などなど。場合によってはもっと多いケースもあります（残されたペットの里親探しや自動車の処分など）。

経験した方は実感されていると思いますが、本当に多くの手続き（＝死後事務）が押し寄せてきます。

引き取る家族がいない場合はどうなる？

これまでの日本の家族モデルは、「多世代同居や夫婦と子ども２人」でした。ところが、多世代同居の家族は珍しくなりましたし、核家族化も進んでいます。

頼れる家族がいない人、家族はいるけれど関係が疎遠になっている人など、従来の家族モデルではカバーできない人が増えてきています。

たとえば、Ｗさん。71歳男性。単身独居。離婚歴があり、子どもはなし。兄弟姉妹が３人いるが、音信不通。肝細胞がんの末期で予後が１～２カ月。10日ほど前に緩和ケア病棟のある病院に転院してきました。

身寄りがいないので、今後の各種支払いや財産の管理、家財処分など、お金に関することと全般を相談したいと言われました。今はまだ意思がはっきりとしていて、いまであれば本人と相談していろいろなことを決めていくことが可能と判断し、本人の承諾を得て、病院のＭＳＷ（メディカルソーシャルワーカー）が司法書士に相談しました。

この例のように、地域の拠点病院から、身寄りのない入院患者の財産（お金）の整理・調整の依頼を受ける回数が増えてきています。

身寄りのない人が亡くなった場合、死亡地の市区町村長が火葬すると定めた法律（墓地、埋葬等に関する法律）により、病院担当者と死亡地の行政担当者、葬儀社の手によって本人の葬送がなされています。

ただ、火葬はできたとしても、遺骨の引き取りや埋葬は別問題です。行政担当者は、行政の権限で戸籍などを調査し、相続人や親族を調べ、亡くなった本人の遺骨の引き取りや埋葬を打診します。

相続人や親族が要請を受けることもあるでしょうが、関わりをもちたくないと断られるケースも多いようで、最悪の場合、埋葬されないまま役所に遺骨が保管されることになります。

本当の意味で誰にも迷惑をかけずに最期を迎えられるのか

「最期は病院や役所が面倒をみてくれるから、何もしなくていい」

病室でそんな風におっしゃる人もいます。確かに病院や役所は人としての尊厳を守ってくれますが、はたして本当にそれでいいのでしょうか？

何もしなければ病院関係者や葬儀社の人たちが短期間で何度も手続きの調整を行うこと

になります。また、行政担当者が相続人を探したり、探し当てた相続人とやり取りを重ねたりすることになり、行政資源を消費することになります。

亡くなった人の財産（お金）が通帳に残っていても、そのお金を使えるわけではありません。亡くなった後に多くの関係者が動いて、必要な手続きを取ってようやくお金を動かせるようになります。ただ、実際のところは、医療費などの支払いは未回収のまま終わっているケースが多いと思われます。

ある病院での例をお話しましょう。

入院されて亡くなった身寄りのない患者さんがいました。通常は、最後に着用していた病衣や家族が用意した死装束で送られますが、この方の場合、家族もお金もないので、治療を施された裸のままで運ばれることになります。

実際には、それではあまりに不憫ということで、病院関係者が忘れ物とした保管している衣服を着せてもらえることがあるそうです。お金を使えるようにしていなければ、このような最期が待っているかもしれないということを想像してみてください。

「最期は病院や役所が面倒をみてくれる」と言った人も自分が亡くなった後の大変さを目にすれば、生前に自分にできることをしておけばよかったと思うのではないでしょうか。

死後事務委任契約とは

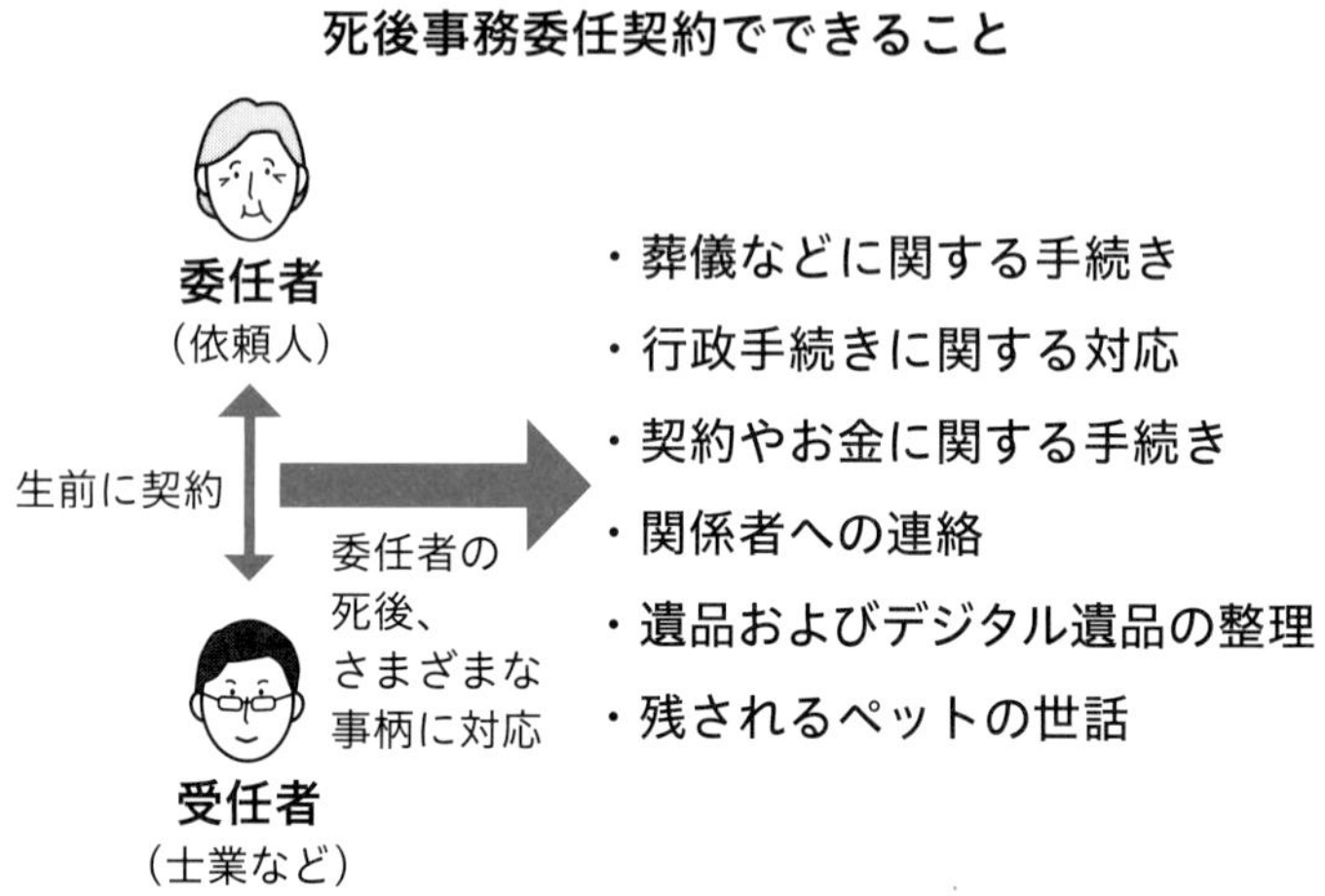
死後事務委任契約でできること
委任者
（依頼人）
生前に契約
委任者の
死後、
さまざまな
事柄に対応
受任者
（士業など）
・葬儀などに関する手続き
・行政手続きに関する対応
・契約やお金に関する手続き
・関係者への連絡
・遺品およびデジタル遺品の整理
・残されるペットの世話

亡くなった後は自分で手続きを進めることはできません。「他人に迷惑をかけたくない」という気持ちがあるのであれば、それを実現する方法があります。

それが、**契約で第三者に「家族と同じような機能と権限」をもたせる方法**です。

先に述べたような死後の事務を依頼する契約のことを**「死後事務委任契約」**といいます。この契約を生前に第三者と結んでおくことによって、自分の思い＝他人に迷惑をかけないという思いを実現させることが可能になります。

過去に「死ぬのにも結構お金がかかるね」とおっしゃった患者さんがいました。

死後の手続きを行うには数万円では足

りません。もちろんある程度まとまったお金が必要になりますが、人生の最期を自分で仕舞う、人生の集大成にかけるお金といえます。

死んでも支払いは続く

亡くなることによって、その人の生命体としての人生は終わります。ですが、財産（お金）の面では、死亡後もその人の人生は終わらないのです。

家族がいないケースや、家族が関わりを拒否したりしているケースでは、契約で「家族と同じような機能」をつくり出しておく必要があります。そうすることで、単なる口約束ではなく、第三者にも通用する形で死後の手続きを進めることが可能になります。

他人に迷惑をかけたくないと思っていても、何もしなければ迷惑をかけることになります。自分自身の人生を終《しま》う（仕舞《しま》う）ときは、自分で死後の道筋をつけることが大切です。自分で決めることによって最期の時間が豊かになります。

（福村雄一）

突然、救急搬送されたら

たとえば、Ａさんの事例を見てみましょう。

Ａさんは80代の男性で、心筋梗塞や不整脈の既往歴があります。妻と2人で生活し、娘一家も近くに住んでいます。Ａさんは健康の問題から外出が難しく、食事や日常生活動作（ＡＤＬ）が困難になっており、通院時には妻が車椅子を押してつき添っています。

娘一家は医療関係者が多いこともあり、Ａさんと妻の健康状態をいつも気にかけていました。病院の主治医から、残された時間もあまり長くないと説明を受けていた娘さんたちは、Ａさんがどこでどのように過ごしたいのかが気がかりであったため、**Ａさんと「人生会議＝ＡＣＰ（アドバンス・ケア・プランニング）」**を行いました。

するとＡさんは、家族には迷惑をかけたくない、延命治療を受けることなく、自宅で最期を迎えたいという気持ちを伝えました。

その話し合いから数カ月後、Ａさんが夜中に倒れたため、救急車を呼びました。かかりつけ病院への搬送をお願いしましたが、その日は担当医が不在のため、別の病院への搬送となりました。

Ａさんは救急車から処置室に運ばれ、モニターに接続され、酸素投与や点滴が行われました。しばらくの時間が過ぎ、心臓が止まる少し前に家族は処置室に呼ばれ、状況を説明され、この先の治療についての意向を問われました。Ａさんが延命治療は望んでいなかったことを伝え、やがて死亡宣告が行われました。

かかりつけ病院ではない病院で亡くなったことから、死亡理由がはっきりとしないと判断され、死亡診断書が作成されず、警察の介入となりました。Ａさんの身体は警察署に運ばれ、Ａさんの自宅には警察官が確認に来るなど、家族にとってショッキングな事態となりました。最終的には事件性はないと判断され、無事に葬儀を行うことができました。

どこでどのように死を迎えたいかという願い

緊急事態は突然訪れるから緊急なのです。

しかし、実際に親の介護をしている、もしくは介護する可能性があるみなさんには準備しておくことで、緊急事態となっても困らなくなる方法があります。

それは、**親の医療に関する希望や考えを聞いておく**ことです。

具体的に、親がどのような状態であるのか、どのような治療を受けたいのか、その治療はどこまで続けたいのかなどの意向を整理しておくと、いざというときにあなた方の助けとなります。そして、その意向をほかの家族や信頼する友人にまで伝えておくことも考えておくとよいでしょう。

実際に親の思いをきちんと確認して、ほかの家族の思いも聞いておかなければ、親の思いや願いは叶えられません。特にあなたに兄弟、姉妹がいる場合は注意が必要です。みながあなたの思いと同じであるとは限りません。

救急搬送＝「延命治療をする」

では、救急搬送を希望するとはどのようなことなのかを説明しておきます。

救急搬送とは、緊急の医療状態にある患者を、適切な医療機関や施設へ迅速に移送することを指します。つまり、救急搬送の主な目的は、重篤な状態にある患者の生命を保護し、適切な治療を受けるための早急な対応を行うことです。

つまり、救急車を呼ぶこと自体、延命治療をしてほしいという意思表明にあたります。Ａさんは、持病が進行しており、残された時間も長くない、そして悪化した際には延命治療を希望していませんでした。このケースではどのように対処しておくとよかったのでしょうか。

この事例から学ぶべきことがあります。

①かかりつけの病院があっても、いつでも受け入れてもらえるわけではない
②救急搬送されると延命治療を受けることになる可能性が高くなる
③自宅で看取りを希望する場合は自宅で看取ることのできる医師（在宅医）と連携をとっておく必要がある

Ａさんの願いを叶えるために家族がしなければならなかったことは、③自宅での看取りができる在宅医との連携でした。

そのなかでも在宅療養支援診療所の在宅医であれば、24時間365日、必ず連絡をとることができ、対応が可能です。Ａさんの気持ちだけでなく、ご家族の思いも共有することができたでしょう。この出来事が起きたときに在宅医を呼ぶことができれば、結果としてＡさんをご自宅で看取ることができたと思われます。

（川邉綾香）

在宅療養支援診療所の仕組み

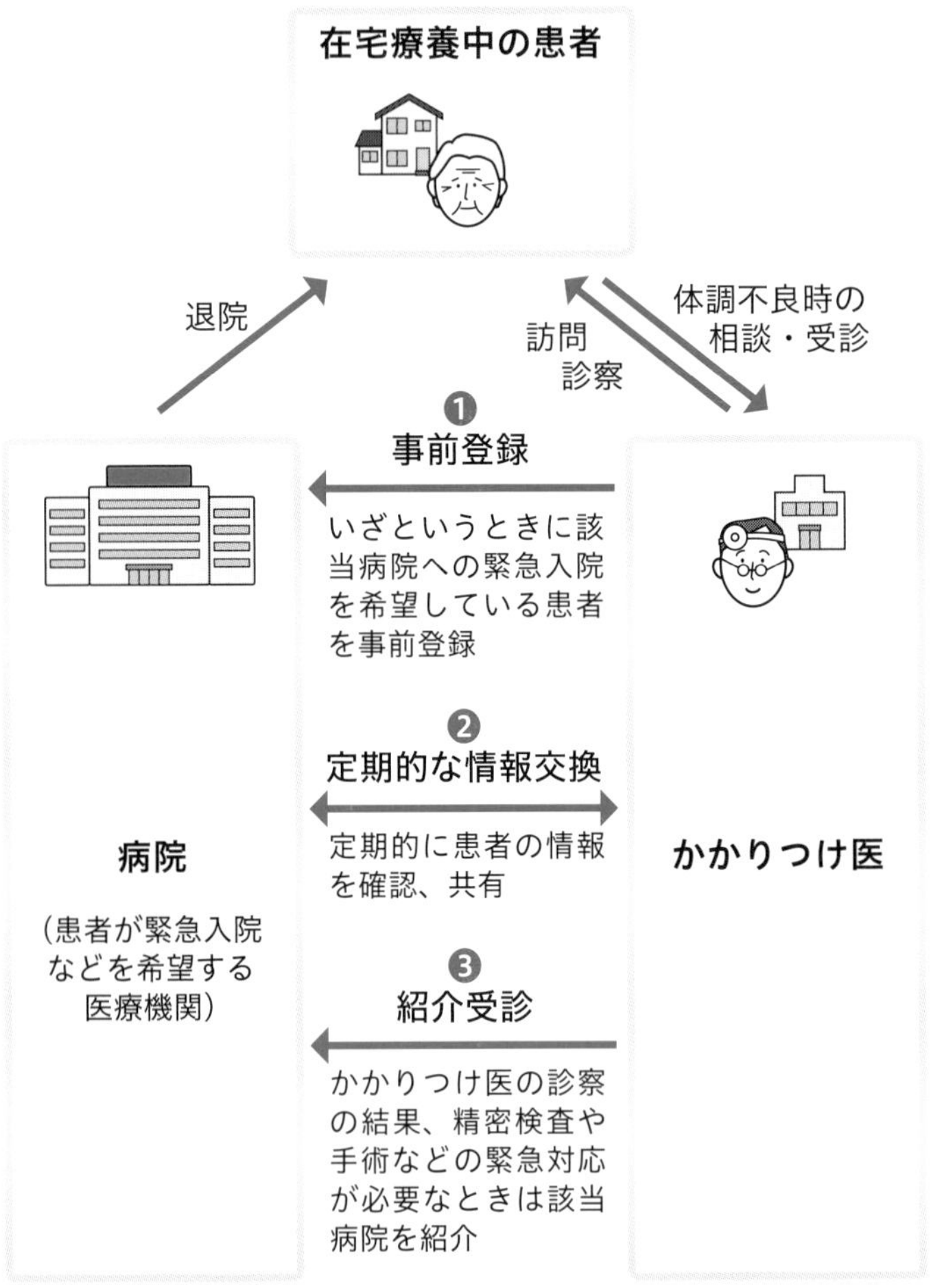
在宅療養中の患者
退院
訪問
診察
体調不良時の
相談・受診
❶
事前登録
いざというときに該
当病院への緊急入院
を希望している患者
を事前登録
❷
定期的な情報交換
定期的に患者の情報
を確認、共有
❸
紹介受診
かかりつけ医の診察
の結果、精密検査や
手術などの緊急対応
が必要なときは該当
病院を紹介
病院
(患者が緊急入院
などを希望する
医療機関)
かかりつけ医

病院とかかりつけ医の連携によって在宅療養を行うことができ、緊急時には連携がある病院に対応してもらえる。一方、いざというときの延命措置を希望せず、自宅での看取りを希望する場合は、あらかじめ24時間対応可能な在宅療養支援診療所の在宅医と連携をとり、看取りをお願いしておく必要がある。

延命治療の手法とDNAR

延命治療を望むか望まないかを選ぶことができる

延命治療とは、重篤な病態にある患者の生命を維持し、可能な限り長期間にわたって生存することを目指す医療処置のことを指します。患者の生命を延ばすために行われる処置や治療のことです。

延命治療には、以下のような手段が含まれることがあります。

①人工呼吸器や酸素供給―呼吸が困難な患者に対して、人工的に呼吸を支援するために人工呼吸器や酸素供給を行うことがあります。

②心臓の蘇生―心停止した患者に対して心臓マッサージや電気ショック（AEDなど）を用いて心臓の蘇生を試みることがあります。

③経管栄養―食事摂取が困難な患者に対して、胃瘻《いろう》や経鼻栄養などを行い、栄養補給を行うことがあります。

④輸液・輸血―脱水症状や貧血などの状態で、静脈から輸液や輸血を行い、体液のバランスや血液の酸素運搬を維持します。

⑤人工透析― 腎臓の機能が低下した患者に対して、透析装置を用いて血液中

の老廃物を浄化する処置を行うことがあります。

一方、ＤＮＡＲは「蘇生措置拒否」と訳されます。日本救急医学会※によると、「（ＤＮＡＲは）患者本人または患者の利益にかかわる代理者の意思決定をうけて心肺蘇生法をおこなわないこと」と定義されています。

また、日本救急医学会救命救急法検討委員会が「ＤＮＲとは尊厳死の概念に相通じるもので、癌の末期、老衰、救命の可能性がない患者などで、本人または家族の希望で心肺蘇生法（ＣＰＲ）をおこなわないこと」「これに基づいて医師が指示する場合をＤＮＲ指示（do not resuscitation order）という」と示しています。つまり、心肺停止して助かる見込みのない人に対して蘇生措置（心臓マッサージなど）を行わないということです。ＤＮＡＲを希望する場合、本人と家族が医療職から十分に説明を受け、最終段階の治療方針について理解し、関係者と合意するプロセスが必要です。医療機関の多くでは、同意書が用意されています。

なお、ＤＮＡＲとＤＮＲは実質的には同じ意味ですが、いまは「蘇生措置を試みない」という意味のＤＮＡＲが用いられることが多いです。

（川邉正和）

※　日本救急医学会　医学用語解説
https://www.jaam.jp/dictionary/dictionary/word/0308.html（２０２４年４月５日検索）

退院後の居場所は確保できているか
—在宅医療の現実—

Bさんは80代の男性で、肺がんを患っていました。妻に先立たれ、1人で生活していました。しかし、彼の健康状態が急変し、入院することになりました。入院中、主治医から余命数カ月と告げられ、Bさんは急いで自宅を処分し、施設での新しい生活を始めました。施設での療養を開始し、在宅医として私のクリニックが介入。はじめての訪問のときに、「主治医の先生から予後について話を聞きました。年齢も年齢ですから覚悟はできています」と語っていました。

しばらくして、Bさんの胸水は増加し、動くことで息切れがするため、酸素を必要とする状態となりました。施設での生活に慣れないこともあり、前月までの元気に過ごせていた状況とは変わってしまい、身体が思うように動かないことや急激な体調の変化にいら立ちを感じている様子でした。

時折、「病院に入院すれば治るのではないか」との思いを打ち明けられ、その気持ちに寄り添い、看護ケアを中心とした緩和ケアに努めました。緩和ケア病棟への入棟も提案しましたが、コロナ禍で面会制限が厳しく行われていることもあり、Bさんは最期まで施設で過ごすことを選びました。残された時間が短いことから、施設の配慮により、最期の時間をお孫さんと過ごすことができ、退院1カ月後に安らかに永眠されました。

施設で過ごされた期間は短く、すぐの看取りとなりましたが、施設スタッフの手厚いケアがBさんに穏やかさと安心感を提供し、快適に過ごすことができる場所で最期を迎えられたのではないでしょうか。

人生会議（ACP）は希望を叶えるための手段

最近、私たちは「人生会議（ACP）」についての講演の機会が増えています。人生会議という言葉は、医療介護従事者の間では広まりつつありますが、一般の人々にはあまり知られておらず、実践している人は多くありません。

また、医療介護従事者でさえ、「人生会議」と聞くと、人生の最終段階においての治療を問うことだと考えている人が多い状況です。人生会議は縁起でもない話だからと避けられていることが広がらない理由として挙げられます。

厚生労働省の調査によれば、人生の最終段階における医療・療養について考えたことがある人は59・３％にのぼります。※ しかし、実際に家族や医療介護従事者と詳しく話し合った経験があるのはわずか２・７％だけです。

なぜ話し合いが行われていないのか、その理由の１つが「話し合うきっかけがなかったから」です。多くの人が人生の最終段階について考える一方で、その話し合いを始めるきっかけが不足していることが明らかになりました。

そこで、私たちは「縁起でもない話をしよう会」というタイトルで一般市民の方を対象に研修会を開催し、この重要なトピックについての議論の機会を提供しています。また、人生会議が医療や介護のことに限らず、「大切な人に自分の思いを伝えること」であると伝えています。

Bさんの事例から学ぶべきことは、あなたの両親の介護の問題について取り組む際に、ご両親の望みを聞いておくこと、そして、自分の老後については、きちんと大切な人に伝えておくことです。

介護を受けている方の健康状態が急に変化することは珍しくありません。最期までのケ

がんの終末期における療養場所のメリットとデメリット

	メリット	デメリット	注意点
在宅療養	家庭での快適さ、家族との結びつき、経済的な負担の軽減、患者のニーズに合わせた個別対応	医療スタッフへのアクセスの制約、介護者への負担、医療機器の制約、心理的負担	あらかじめ、24時間365日の対応がきちんとなされ、緩和ケアを得意としている診療所や訪問看護を選ぶ
緩和ケア病棟・ホスピス	専門的なケア、安心感のある快適な環境、緊急の状況にも対応できる医療スタッフへのアクセス、他の患者との共感	制約されたプライバシー、在宅療養や一般病棟と比べて高い医療費、移動の制限、がんの治療が継続されないなど治療の変更	入院期間に制限がある
サービスつき高齢者住宅など	快適な住環境、必要に応じて看護師や介護士による専門的なケア、社会的な交流、日常生活のサポートや食事の提供などサポート体制	ほかの療養場所と比べて高額な費用がかかる、医療施設と距離がある、個人のプライバシーが制限されるなど	体制が不十分な施設では容態の悪化を理由に病院へ搬送されることもあるので、入居契約前に終末期の対応について確認する

アについての希望を事前に話し合い、準備しておくことが大切です。そして、施設であれば、施設スタッフや医療介護従事者の支援で、穏やかな最期を迎えることができます。

何よりも大切なことは、自宅で過ごすことがいちばんでも、病院で過ごすことがいちばんでもありません。ギリギリまで自宅で過ごし、最期を病院で迎えるもよいし、最期の時間を自宅で過ごすこともよいでしょう。本人が望んだところで最期を過ごせることが最も重要ではないでしょうか。

（川邉綾香）

※ 厚生労働省：人生の最終段階における医療・ケアに関する意識調査.
https://www.mhlw.go.jp/toukei/list/saisyuiryo.html（2024年4月5日検索）

人生会議（ACP）のABCとは

Cさんの事例を見てみましょう。

Cさんは80代の男性で、進行した神経難病の奥さまを在宅訪問診療していたご縁もあり、2年以上も前からおつき合いがありました。

献身的に奥さまを介護されていたCさんが、強いふらつき症状を認め、病院で精密検査がなされ、白血病と診断されました。入院での抗がん剤治療に伴い、奥さまも療養型病院に入院。娘さんは別々の病院に面会に行く日々が続きました。

やがてCさんの治療も終了となり、「この正月が家族全員で迎える最後の正月となる」と悟られたCさんは、娘さんと相談し、奥さまを自宅で看病する決心しました。

数カ月後に奥さまが他界された後は、「いま俺が倒れるわけにはいかない！　残される娘に迷惑はかけられない」とご自分の葬式のこと、お墓のことなど、精力的に終活に取り組みました。

息苦しさが増し、ベッド上で過ごす時間が長くなってきたころに、娘さんは介護休暇をとるなど、Cさんが望まれた最期まで自宅で過ごすという願いを叶える準備をしました。そして、最期の時間を娘さんにゆだね、「ここで過ごせるのも娘のおかげだ。ありがとうね」ときちんと言葉で伝え、数日後に安らかに永眠しました。

Cさんの例では、人生会議（ACP）が重要な役割を果たしています。**ACPとは、患者が自身の医療的希望や意向を適切に明確化し、それを文書化するプロセス**を指します。

このプロセスにより、患者は将来の医療処遇に関する意思決定を自己の価値観や信念に基づいて行うことができ、医療提供者や家族とのコミュニケーションを円滑に進めることができるようになります。

緊急の医療状況に直面する前に、ACPの重要性を理解し、自身の意思決定を適切に整理し、適切な医療処遇に関する指針を示すことは、患者自身の人生の質を向上させる重要なステップです。

ACPは、個人が意識的な意思決定を行い、将来の医療ケアに関する方針を明確にする重要な手段です。

ACPの進め方

STEP 1
**治療を始める前に
大切にしたいことを考える**

「家族や知り合いのそばにいたい」「家族に迷惑はかけたくない」「つらい治療は受けたくない」など、自分の思いや希望について考える。

STEP 2
**自分の代わりに自分の気持ちを
伝えてくれる人を選ぶ**

不慮の事故や認知症などで自分で自分の気持ちを伝えることができなくなる場合にそなえ、自分の気持ちを伝えてくれる信頼できる人を選ぶ。

STEP 3
**かかりつけ医に
自分の健康について質問する**

病気がある場合には、今後どういう経過をたどるのか、どういう治療の選択肢があるのかをかかりつけ医に聞く。自分の希望を交えながら質問することが大事。

STEP 4
**希望する治療や思いを
周囲に伝える**

自分の希望や思いを周囲の人たちに伝え、話し合う。家族や代理人、医療従事者と話し合うことで、お互いの理解が深まる。一度に全部決めなくてもよい。

STEP 5
**自分の希望や思いを
書き留める**

医療やケアに関する自分の希望を書き出しておく。文書に残しておくことで、もしも自分で意思決定ができなくなったときに、周囲の人が判断するのに役立つ。

希望や思いは
時間の経過や
健康状態によって
変化していくので、
**何度も繰り返し
考える**

最初はCさんの奥さまのACPで始まった

Cさんと関わるなかで、何度も繰り返しACPを行いました。最初は神経難病であった奥さまについてのACPでした。

Cさんには「妻には1日でも長く生きてほしい。でも苦しませるようなことはしたくない」との思いがあり、「気管切開や人工呼吸器は望まないけれど、胃瘻造設はお願いしたい」など、私たち医療・ケアチームと話し合いを重ねました。

やがてCさんの病が転機になります。

Cさん自身が白血病を患い、自分自身は長生きを望まないが、妻を残して先には逝けないといった思いを打ち明けてくれました。

繰り返し対話と相談を重ねて、「娘には迷惑をかけるが、最期は妻と娘と長年過ごしてきたこの家で、娘と過ごしたい」という希望を吐露されました。揺れ動く気持ちを医療・ケアチームが受け止め、娘さんと共有することで、その時々にできるCさんが望む最善のケアができたと考えます。

縁起でもない話（ＡＣＰ）をできる関係性を築く

厚生労働省は国民に対して、もしものときのために、あなたが望む医療やケアについて前もって考え、家族などや医療・ケアチームと繰り返し話し合い、共有する取り組み「人生会議（ＡＣＰ）」の普及・啓発を行っています。

実際、医療や福祉の現場では、さまざまな場で少しずつ認知、周知されるようになったと感じることもあります。しかし、高齢者を対象とした市民向けの講演会で「人生会議（ＡＣＰ）について、言葉を知っていますか？」の問いに対して、知っていると手を上げる方はほんの数名のみであることが実情です。

だからこそ、普段から縁起でもない話を、縁起でもないときに話せる関係を築いておくことが大切です。まずは自分がどうありたいかを考え、それを大切な人に言葉にして伝える。こうして思いはようやく実現できるものへと変わります。

緩和ケアの専門家である高橋綾医師は、「相手の価値観を理解し尊重することは、対話というかかわり合いのプロセスの中でしか起こらない」と述べています※。

患者さまの思いや価値観に気づき、医療者や家族が患者さまの価値観を理解するには対話が必要であり、対話をスムーズにするにはコミュニケーションが不可欠です。コミュニケーションの積み重ねで、患者さまの大切にしていた信念や価値観、生き方について考えられ、治療を受けることだけでなく、**生きる意味や希望を見出し、豊かな人生と思える**のではないでしょうか。

私たちはその患者さまの自分探しのお手伝いができる存在でありたいと思います。

（川邉綾香）

※　高橋　綾：対話を通じ価値観を理解、尊重することと他者をケアすること「緩和ケア」28（2）：84－89，2018

地域包括ケアシステムの現状とこれから

Dさんの事例を見てみましょう。

Dさんは50代の女性で、進行した子宮がん患者でした。長男（20代後半）との2人暮らしで、次男は大学生で大学のそばに住んでいます。10年前に突然、夫（50歳）が心筋梗塞で亡くなり、以来、Dさんは1人で、2人の息子を育ててきました。

夫の遺産もあり、子どもたちが将来に困らない程度のお金を残せれば、自分は夫が残してくれた自宅で静かに最期を迎えたいと考えていました。介護については、80歳を超えた実母が隣の市に住んではいましたが、体力的にも限界があり、どうすればよいのかと悩み、「最後の願いを叶えてほしい」との思いからクリニックを受診しました。

訪問診療が始まり、数回目の診察のとき、Dさんは「私の残り時間はどれくらいですか。やり残したことがあります。1つは母との旅行。もう1つは財産の整理です。この家を長男に、預貯金を次男に残してほしいです。先生、お金のことに詳しい方を紹介していただけませんか？　夫が亡くなったとき、専業主婦であった私は、夫の仕事の内容や金銭のこと、遺産のこと、何もわからず本当に苦労しました。子どもにはそのような面倒はかけたくないです」と心の内を打ち明けてくれました。

私たちは彼女の希望を実現するため、日ごろから顔の見える仲間である司法書士に連絡を取りました。残された2カ月余りの間、医療者として症状緩和に努め、病状の変化、残された時間を司法書士と共有し、自宅でできる手続きや本人の体力についても調整を行いました。結果として、Dさんの望む通り、母との旅行を楽しんだ後、夫の残してくれた自宅で、Dさんの死後、子どもたちが困らないように手続きを済ませ旅立たれました。

地域包括ケアシステムとは

2025年、わが国は団塊の世代が75歳以上になり、超高齢社会へと突入する過渡期を迎えます。この超高齢社会において、高齢者の方々がより質の高いケアと支援を受けるために、「地域包括ケアシステム」という概念が提唱されています。

この概念は、要介護状態であっても、人生の最期まで住み慣れた地域で自分らしい暮らしを送ってもらうための仕組みになっています。「人生の最終段階」を地域全体でケアするには、医療・介護や介護予防のケア職の方々の連携が欠かせません。「住まい」「医療」「介護」「予防」「生活支援」が一体的に提供されるシステムといえます。

真の地域包括ケアシステムとは

これから多死時代を迎えるなかで、「生と死」は避けて通れません。地域住民と関係者が早い段階で出会い、「生と死」について向き合える場が提供される必要があります。地域包括ケアシステムにかかわるのは、当事者になったとき、つまり、要支援・要介護となってからです。

また、医療関係者にとって、市民に出会えるのは医療機関においてのみとなっています。もっと気軽に医療関係者とつながれる場がつくれないか、また、医療関係者にとっても医療機関の外で市民との対話と学びの場があればいいのではないかと考えています。

そして、数々の生活課題は、既存の地域包括ケアシステムの医療・介護職の枠組みでは抱えきれないことは明らかで、法律家や宗教職などの多様な専門職が連携する、「真の地域包括ケアシステム」を構築することが不可欠だと考えます。

（川邉正和）

地域包括ケアシステム

人生の最期まで住み慣れた地域で
自分らしい暮らしを送ってもらう仕組み

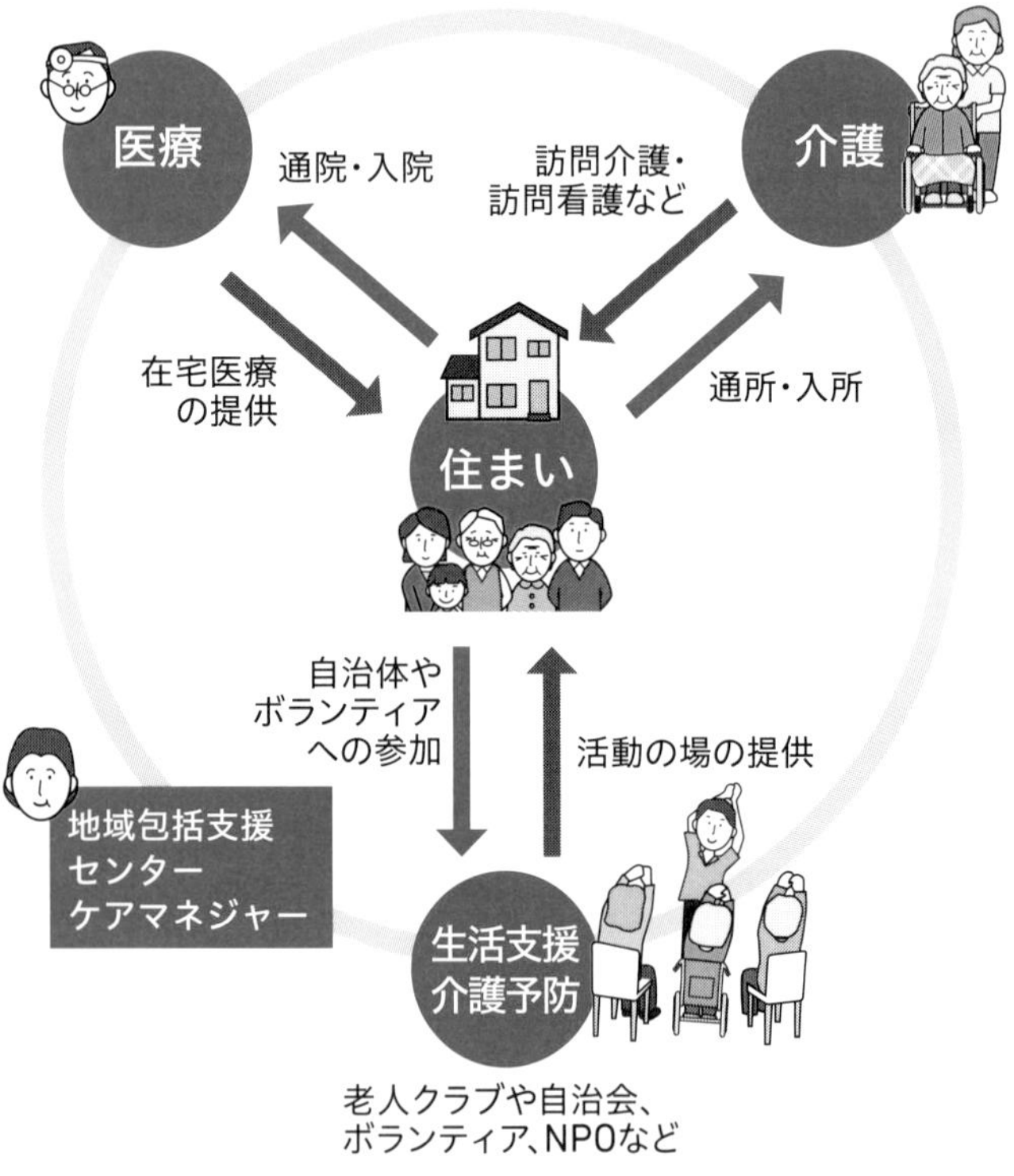
医療
通院・入院
訪問介護・
訪問看護など
介護
在宅医療
の提供
通所・入所
住まい
自治体や
ボランティア
への参加
活動の場の提供
地域包括支援
センター
ケアマネジャー
生活支援
介護予防
老人クラブや自治会、
ボランティア、NPOなど

＋

法律家や宗教職などの参加

真の地域包括ケアシステムへ

※ 厚生労働省：地域包括ケアシステムhttps://www.mhlw.go.jp/stf/seisakunitsuite/bunya/hukushi_kaigo/kaigo_koureisha/chiiki-houkatsu/index.htmlを参考に作成

第3章

80歳以降にかかるお金、ほんとはいくら？

お金は何のために貯めるのでしょうか。

金融公報中央委員会の「令和4年 家計の金融行動に関する世論調査※」によると、20〜70代が金融資産を保有する目的は、1位「老後の生活資金にあてるため68・2％」、2位「病気や不時の災害の時に備えるため50・3％」となっており、老後や万一の備えに関心が高いことがわかります（2人以上世帯のうち金融資産保有世帯、複数回答）。

もしも大病を患ったり、介護が必要になったりしたら……。不安を挙げるとキリがありませんが、闇雲に心配してお金を貯めるばかりではいまを楽しむことができません。

病気やケガを負ったときにかかる治療費は、健康保険の高額療養費制度があり、月の負担上限が設けられています。介護も同様に高額介護サービス費制度があります。入院は個室を希望したい、健康保険適用外の治療を受けたい、立派な充実した施設に入居したい、などの場合は＋αの資金が必要ですが、まずは社会保障というセーフティネットがあること、その上で自助努力でも備えるということを念頭に考えたいものです。

さて、読者のみなさんは、外食をするときに、どのようにお店を選ぶでしょうか。きっと多くの方が、お財布と相談しながら予算に見合う店を選んでいると思います。予算が1500円のときは、豪華な懐石料理には手が届きませんが、生姜焼き定食なら、食後のコーヒーまで楽しめそうです。いずれにしても美味しく栄養が摂れて心身ともに元気になります。

病気や介護も同じように考えます。万一のことが起こったときは、そのときの予算に合わせて社会保障を活用しながら、より満足度の高い治療や介護サービスをチョイスしていく、そう考えると心持ちも軽くなります。

とはいえ、少子高齢化が進むなか、所得が多い人を中心に自己負担が増しています。やはり、元気なときにできることは取り組んでおきたいものです。

この章では、30代、40代の現役世代はもちろん、定年が近いという50代以降、そして、すでに年金生活を送っている60代、70代以降の方々に向けて、賢い資産形成や資産管理のコツ、人生予算の考え方を紹介します。

知識は何にも勝る財産です。

介護を受ける側、支える側になったときに役立つ基礎知識や心構えも合わせて見ていきましょう。

※ 金融公報中央委員会：令和4年 家計の金融行動に関する世論調査
https://www.shiruporuto.jp/public/document/container/yoron/（2024年4月5日検索）

NISAとiDeCo
——人生100年時代を生きる資産形成の一歩——

「人生100年時代」という言葉をしきりに耳にするようになりました。がむしゃらにお金を増やす必要はありませんが、老後を安心して過ごせるように長生きのリスクには備えたいものです。その方法として注目されるのが、つみたて投資枠と成長投資枠の合計1800万円まで非課税投資ができる「NISA《ニーサ》（少額投資非課税制度）」や60歳まで運用して増やす「iDeCo《イデコ》（個人型確定拠出年金）」という国の制度です。

この制度は、低金利やインフレ、少子高齢化による年金の目減りなどの備えとして、資産運用（投資）を後押しするもので、税金がお得になるのが大きな魅力。資産運用はリスクを伴うことからハードルが高いと感じる人もいるでしょう。しかし、このご時世、何もしないこともリスクです。

ここでは、よくある世代別の質問をもとに活用例を紹介します。

世代別「NISA」「iDeCo」のよくある質問と活用例

●40代：子が大学受験を控えるAさん（男性）

質問：高校生の子どもが私立大学に通うことになると、学費が心配です。気になっているNISAやiDeCoをはじめてもよいのでしょうか。

答え：まずははじめましょう。NISAは金融機関によって100円から、iDeCoは5000円からできます。掛金は変更可能で、目先は、NISA（つみたて投資枠）とiDeCoに月1万円ずつ積み立て、子どもの進路によって掛金を増減させる方法もあります。**投資のリスクを抑えるコツは、少額を長期で積み立てること**です。

●50代：老後が心配になってきた会社員Bさん（女性）

質問：子どもが自立し肩の荷が下りましたが、今度は、老後資金が気になってきました。

答え：老後資金の準備は、**投資の利益が非課税で、給与にかかる税金も減るというダブルの節税効果があるiDeCoを優先**しましょう。Bさんは、掛金上限が月2・3万円（企業年金などがない場合）です。その上でNISAのうち、運用コストが低いつみたて投資枠に積み立てます。さらに**余裕があるなら、ラインナップが豊富なNISA成長投資枠が**

おすすめです。

●60代：定年退職後、再雇用で働くCさん（男性）

質問：退職金のよい運用方法を知りたい。iDeCoはできませんよね？

答え：iDeCoは、通常、60歳までしか掛金が出せません。しかし、年金の未納期間を解消するため国民年金に任意加入する人や、60歳以降も厚生年金に加入する働き方をする人は65歳まで加入可能です。なお、積立商品は、投資以外に預貯金もあります。たとえば、iDeCoは節税目的で預貯金を選び、NISAで資産運用をする方法もあります。

●70代：年金生活を送っているDさん（女性）

質問：年齢のことを考えると投資はやめたほうがよいですか？

答え：10年くらいは使わないという余裕資金があるなら、NISAを活用するのも1つです。また、個別株を購入して配当や株主優待を楽しむ方法もあります。

このように、NISAは「投資の利益が非課税になる」制度、iDeCoは、それに加え「給与などの収入から納める税金も減る」制度です。NISAの申し込みは、銀行や証券会社などの金融機関で行います。iDeCoは、ウェブや電話で資料請求をするのが一般的ですが、店舗で対応してくれる金融機関もあります。

（白浜仁子）

突然の病気・介護、どのくらいかかる？

「ずっと元気で、最期はコロリ！」、そんな最期を理想とする方も多いでしょう。しかし、どうなるかは誰にもわかりません。病気になって、入院したり手術を受けたりすることになったら……。入院すると、いったいいくら必要なのでしょうか。

厚生労働省「医療給付実態調査／報告書　令和3年度」※を基に試算すると、病気で入院したときの医療費の平均は59万2350円。これは、健康保険が適用される前の金額です。単純計算をすると、現役世代で約17・7万円（3割負担）、70歳～74歳で11・8万円（原則2割負担）、75歳以上で5・9万円（原則1割負担）かかるということになります。健康保険のありがたみを感じますが、とはいえ、それなりの負担感です。

そのため健康保険ではさらに2つの負担を下げる仕組みが準備されています。どういったものかみていきましょう。

1つは、「高額療養費制度」です。ご存じの方も多いでしょう。健康保険では、1カ月（1日～末日）の自己負担に上限があり、一般の所得水準なら、現役世代で9～10万円程度、70歳以上で5万7600円とぐっと下がるのです。直近1年のうちに高額療養費の適用が続いた場合は、4回目から上限4万4400円へとさらに下がります。

ここからは、少しばかり余談です。高額療養費の説明で、ピンときた人もいるでしょう。ひと月ごとに上限があるのなら、できるだけ月をまたがないように入院するとよいことを。現役世代の上限は約9万円とお伝えしましたが、もし月をまたぐと、各月で9万円となり、負担が2倍になることもあるのです。緊急でないのなら、入院期間を逆算して月をまたがないようにするのも賢い工夫です。

留意点は、高額療養費は、健康保険の対象となる治療にしか適用されないこと。入院中の食事代や自分で個室を希望したときの差額ベッド代、自由診療を受ける場合などは、別途費用がかかります。しかし、食事代は入院しなくても必要で、治療は個室でなくても受けられます。国が承認する前の自由診療の選択は、通常の治療の先にあるものです。

なお、介護サービスを受ける場合も似た仕組みがあります。一定の介護サービスは、原則1割負担。月の負担が上限を超えた場合は高額介護サービス費が適用され、払い戻されます。

「でも、医療も介護もとなると、それなりにお金がかかるな」と感じる人もいるでしょう。

そこで、自己負担が抑えられる2つ目の仕組みを紹介します。

それは「高額医療・高額介護合算療養費制度」です。医療や介護の負担が続く場合の救済措置で、両方の合計が一定額を超えた場合に払い戻しが受けられます。1年間（8月～翌年7月）の自己負担の合計が、一般所得者なら年間約60万円、低所得者はその半分以下でよいのです。詳細は、各自治体や加入する健康保険の窓口、またはホームページで確認しましょう。

このように、基本的な医療は健康保険制度によって守られています。まずは、膨大な負担とならないことを知っておきましょう。私たちは医療によって、それなりに守られているのです。

（白浜仁子）

※ 厚生労働省：医療給付実態調査／報告書 令和3年度
https://www.e-stat.go.jp/stat-search/files?stat_infid=000040100565（2024年4月5日検索）

金融リテラシーを使ったお金とのつき合い方

金融リテラシーというと難しく聞こえますが、ちょっとしたお金とのつき合い方を知るだけで、ずいぶんと自分らしい使い方ができるようになります。ここでは、老後を支える大切な資産となる**「公的年金」と「退職金」とのつき合い方**についてみていきましょう。

年金の繰り下げ、損得はこう考える

公的年金の受け取りを遅らせると、増額された年金が受け取れることはご存じの方も多いでしょう。公的年金は、原則、65歳になると請求できます。**請求せずに繰り下げる場合は、1カ月ごとに0・7%増額**されます。もし1年間受け取りを遅らせたら年金は8・4%増え、それが一生涯続くわけですから、預貯金の金利と比べてどれだけ魅力的かわかります。

最長75歳まで繰り下げられるため、年金を84％アップさせることも可能です。仮に、65歳時の年金が１００万円の人が、75歳まで繰り下げたとしましょう。その場合、年金は１８４万円になり、月の生活費は、８万円から15万円へと７万円増える計算です。

しかし、こんな声も聞こえてきます。「長生きできなかったら、損ではないか」。受け取り総額の損得でいうなら、**繰り下げた年齢からおおよそ12年が経過すると、65歳から受け取ったときとほぼ同額になります**。仮に、70歳まで繰り下げた人は、82歳以上生きることができれば得というわけです。

しかし、寿命は誰にもわかりません。

そこで、少し違った視点で考えてみます。自分が亡くなった後に資産を残したい人がいるのか、という視点です。

年金を繰り下げると、通常、預貯金を取り崩しながらの生活となるため、その分、資産は減っていきます。**できるだけ子どもに多く相続させたいのなら、繰り下げは慎重に考えなければなりません**。一方で、財産を残すことより、自身の生活の充実を中心に考えるなら、繰り下げで年金が増えることによって、長生きリスクへの備えにつながります。

ただ、先々、想定外のことがあり、「年金を、早くもらっておけばよかった」ということがあるかもしれません。その場合は、**年金を5年前に遡って請求することもできる**ので安心してください。

仮に、リフォーム資金が必要になったり、急に大病を患って治療費が必要になったりした場合も、この仕組みを知っておけば、繰り下げに対する印象はずいぶんと変わるのではないでしょうか。Eさんの例で見ていきましょう。

Eさんは71歳の男性です。繰り下げ前の年金は、180万円（月15万円）です。Eさんは、年金を75歳まで繰り下げる予定でしたが、71歳のいま、高齢者施設に入ることにしたため、そろそろ年金の受け取りを始めたいと考えるようになりました。

Eさんの年金の受け取り方は、通常、次のようになります。

①71歳まで6年間繰り下げた年金の受給を開始する

年金額……270万円

年金の計算式

（本来の年金）180万円＋（増額分）180万円×（0・7％×12カ月×6年）≒270万円

また、次のような受け取り方も選択もできます。

②5年前にさかのぼって、66歳時に1年間繰り下げた年金の受給を開始し、66歳から71歳未満の未受給分の年金は一括で受け取る

年金額……１９５万円
一括分……９７５万円（１９５万円×５年分）
年金の計算式
（本来の年金）１８０万円＋（増額分）１８０万円×（０・７％×12カ月）≒１９５万円

このように①と②の選択ができることを知っておくと、生活環境や考え方が変わってもある程度柔軟に対応できるのではないでしょうか。

繰り下げは、国民年金だけ、厚生年金だけ、というように一方だけ繰り下げることも可能です。また、一般に、女性のほうが長生きですので、妻の年金のみ繰り下げるという方法もあるかもしれません。

繰り下げの留意点は、収入が増えることから、税金や健康保険、介護保険関連の負担増に繋がる可能性があることです。詳細は、税理士、社会保険労務士や各自治体に確認しましょう。

また、年金制度は複雑なため、ここではポイントのみを紹介しました。具体的に検討するときは、年金事務所で個別の事情を踏まえたアドバイスをもらいましょう。

退職金は、会社に預ける定期預金⁉

会社員のなかには、定年時に退職金を受け取る方もいます。

多くの方が退職金の運用先は口座に振り込まれてから検討するのではないでしょうか。なかには、ドンッと一気に投資にまわしてしまうケースもあります。それによって大きな利益が得られることもあるでしょう。

しかし、その反対もあります。退職金は大切な老後資金ですから、できるだけ大切に育てることを考えたいものです。そういった意味では、何回かに時期を分けた投資や、積立投資でじっくり資産運用を始めることをおすすめします。

しかし、そうなると、投資をするのに時間がかかり増やすチャンスを逃してしまう、と感じる人もいるでしょう。そういった方におすすめなのが次のような資産管理法です。

退職金を見据えて、現役時代のうちに投資の比率を高めておく

退職金は、会社が倒産しない限りは受け取れるでしょうから、最初から、退職金という預貯金を会社に預けていると考え、現役時代からそれを見据えて投資をしておきます。そうすることで、定年で退職金をもらってから、あわててまとまった資金の投資を検討しなくてもよいわけです。

退職金の多くは預貯金など安全性が高いところに預け、生活費などの老後資金として使っていきます。もちろん、現役時代には教育費や車の購入費用などの資金も必要ですから、無理のない投資額となるよう気をつけるのがポイントです。

現役時代に少しずつ投資をすることで、長期でじっくり資産運用ができ、投資の経験も豊富になります。それによって、退職金の一部や、相続財産の運用などもあわてずにできるようになるのではないでしょうか。

（白浜仁子）

生活資金をどう確保し、管理するか

定年前後や、年金生活をしている方からよくいただく質問があります。それは、「お金をいくら使ってよいかわからない」という内容です。

年金生活となると、これまで蓄えた資産を取り崩しながら生活します。これまでは、老後に困らないよう貯めていたのに、反対に使っていくのですから当然です。年金生活になったら、将来の生活資金の確保や管理は、どうしたらよいでしょうか。

ざっくりと、人生予算を把握する

私は、まずは**大まかに一生分のお金を大きく振り分ける**ことを提案しています。

これから年金生活を迎えるFさん夫婦（共に65歳）を例に見ていきましょう。90歳まで生きるとして今後25年の人生予算を考えます。

Ｆさん夫婦の状況
（収入）年金……23万円／月
（支出）生活費……25万円／月
（貯蓄）２５００万円

まずは、使えるお金の把握からです。年金は90歳までの25年間で総額６９００万円が受け取れるということになります。現在の預貯金が２５００万円あるため、今後、使えるお金は、合計９４００万円です。

次に、90歳までの生活費はいくら必要でしょうか。Ｆさん夫婦の生活費は月25万円ですので７５００万円必要です。使える資産から生活費総額を差し引くと１９００万円（９４００万円－７５００万円）残ります。これが、生活費以外に使える予算です。

これを基に、車の買い替えなどの自動車関連費、リフォーム費用、旅行や介護費の備えなどに予算を振り分けます。このように、全体像を把握して、人生予算の割り振りを大まかに考えてみましょう。**漠然とした不安が、具体的に金額で整理できるようになります。**

マネープランの全体像

マネープランのイメージ図（F さん夫婦の例）

手元にあるお金

貯蓄・退職金
2,500 万円
＋
年金（65歳～90歳）
23万円×12カ月×25年＝
6,900万円
＝
9,400 万円

老後の生活費

25万円×12カ月×25年＝
7,500万円

9,400 万円−7,500 万円
1,900万円

・将来の病気・介護の備え
・予備費（家電買い替えなど）
・車の買い替え、リフォーム費用
・趣味・レジャーなど

この金額をどう割り振るかを考える

使えるお金を増やすには

使えるお金を増やすには、収入、支出、そして資産運用の３つの切り口をどうするか検討します。

いちばんの近道は、元気なうちは週に数日、短時間でも働くことです。老後の家計が潤うだけでなく、生活にメリハリができ、社会とつながっていることで生きがいを感じられます。また、収入を得られることで、年金の繰り下げを検討できるようになるかもしれません。

持ち家に住んでいる場合は、自宅を担保にお金を借りる「リバースモーゲージ」も選択肢の１つです。存命中は利子の支払いのみで、亡くなった後に自宅を売却し精算します。自宅に住み続けながら家の価値を現金化できるため、資産を有効に使えるのが魅力です。特に、子どもに自宅を残す必要がない人におすすめします。

リバースモーゲージは、大きく2タイプあります。1つは、自宅のリフォームや住宅ローンの借り換えといった資金使途が住宅関連と限定されているタイプ。もう1つは、住宅関連はもとより、生活費や旅行・レジャー、孫のお小遣いと使途が自由なタイプです。デメリットは、長期で利用する場合、利子の支払い総額が大きくなること。いつから利用するのか、相続人の理解が得られるのかということを踏まえて検討してみましょう。

なお、金融機関ごとに、対象エリアが定められています。都市銀行は主要都市が中心ですが、地域密着の地方銀行などは、郊外の物件も対象にしている傾向があるようです。気になる方は、金融機関のホームページや窓口で尋ねてみましょう。

家計簿が苦手なら「つけん簿」で貯蓄計画を

いま、現役世代という人のなかには、貯蓄するには家計簿をつけて節約をしなければ、と憂鬱に感じている人もいるでしょう。

そんな方におすすめしたいのが**「つけん簿」**です。つけん簿は、家計簿をつけない、という意味で、私が名づけました。**日々の家計簿をつけない代わりに、年に1度だけ1年間の貯蓄計画を立てるという方法**です。年収600万円のGさんを例に見ていきましょう。

Gさんの状況
年収……600万円（手取り480万円）
生活費……月30万円

Gさんの今後1年間の手取りは480万円が見込まれます。毎月の生活費が30万円なら1年で360万円必要です。手取りから生活費を差し引くと120万円。つまり、これが貯められそうな金額になります。

とはいえ、旅行や帰省費、冠婚葬祭などの特別費も必要です。今後考えられる特別費が年間50万円とするなら、差額の70万円が実際の貯蓄可能額ということになります。

毎月の給与から貯められる金額を決め、残りはボーナスからの貯蓄に割り振り70万円貯める計画を立てます。仮に、給与から2万円貯めるなら年間で24万円になるため、残りの

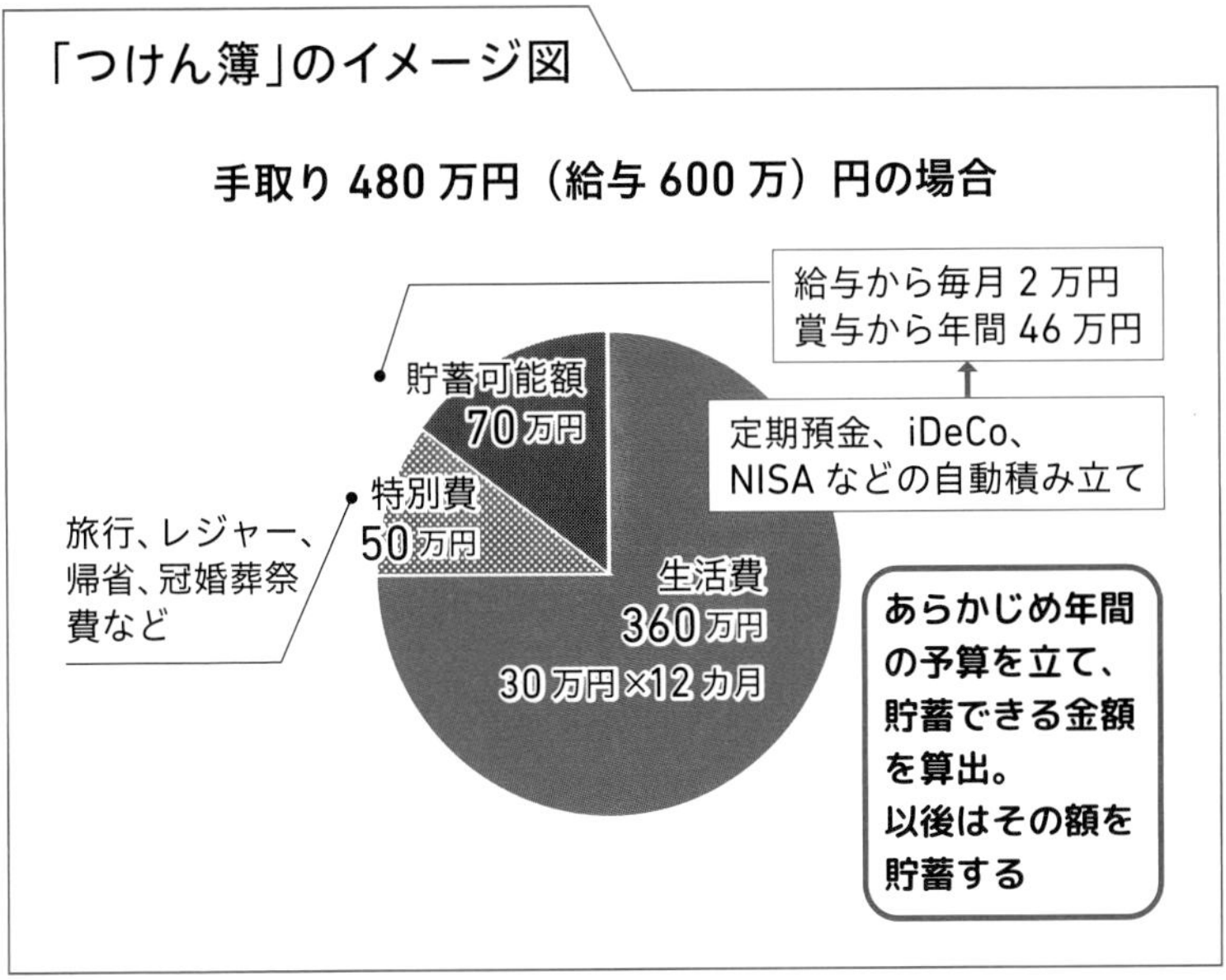
「つけん簿」のイメージ図
手取り480万円（給与600万）円の場合
給与から毎月２万円
賞与から年間46万円
貯蓄可能額
70万円
定期預金、iDeCo、
NISAなどの自動積み立て
特別費
50万円
旅行、レジャー、
帰省、冠婚葬祭
費など
生活費
360万円
30万円×12カ月
あらかじめ年間の予算を立て、貯蓄できる金額を算出。
以後はその額を貯蓄する

46万円は夏と冬のボーナスで貯めるというわけです。

このように、つけん簿では、使ったお金を管理するのではなく、1年間で貯める金額を管理します。貯蓄額が決まったら、給与口座から自動積み立てにすれば間違いありません。積立定期預金だけでなく、iDeCoやNISAに積み立てることも検討してみましょう。

自動積み立てにしてしまえば、後はすべて使えるお金です。家計簿が苦手な人は、つけん簿を参考に未来の計画を立ててみましょう。

（白浜仁子）

介護サービスの活用のための第一歩

老後にかかるお金でもっとも大きな心配の種となるのは「介護」です。ここからは、介護にかかるお金の問題に触れていきましょう。

どのような介護施設に、いつ、どのように入ることができるか。また、どういう手順で入ったらよいか。ほとんどの自治体で同様の冊子をまとめ、配付しているでしょう。

このようなガイドブックは一覧するときには役立ちますが、「実際にはどの施設が自分にとっていちばんふさわしいか、自分はこの施設に入ることができるのか」など具体的なことは本人だけでは決められず、ほかの人のアドバイスが必要なケースも多いでしょう。

介護について相談したいとき、次のような相談先があります。

・保健師（看護師）、社会福祉士、主任ケアマネジャーなど、資格者のいる「地域包括支援センター」
・高齢者みまもり相談室、高齢者福祉課、健康相談窓口などがある「自治体」
・安心電話などの名称で電話相談を行っている「社会福祉協議会等の相談窓口」
・そのほか、医療機関での相談や地域の民生委員

信頼できる相談者は誰か

ひと口に介護施設といっても、公的施設か民間施設か、さらに入居を伴わないサービスも各種あり、また入居の条件も細かく記されています。場合によっては対象の高齢者とご家族との意見が異なるケースもあります。

そこで大切なのは、信頼できる人に意見を聞いてみることです。誰が「信頼できる人」であるかは個人によって異なりますが、ケアマネジャー、社会福祉関係の資格者、介護の専門家への相談が必要です。なお、人柄としては、少なくとも本人が自分の話をしっかりと聞いてもらっていると感じられる人、何かを押しつけるような対応をしない人です。

また、介護施設には要介護認定が不可欠な施設もあります。その場合は本人をめぐり、家族・介護資格者・成年後見人など立場の異なる人が関わることもあり、意見の整理が必

要な面があります。

介護の前段階でかかるお金に注意

介護保険サービスを利用する前段階でも、何かしらのサービスを利用したいと思ったときなどにお金がかかります。たとえば、民間のセキュリティ会社や、郵便局などの見守りサポートです。自治体でも同様の高齢者対応を行っているケースもあります。

このような見守りサービスは、月額数千円でホームセキュリティとして対応してもらえます。家族が遠く離れて暮らし、高齢の方が1人暮らしをしている場合に、月額数千円で一定の安心を提供してもらえると考えれば、メリットは大きいといえるでしょう。

もし高齢者向けの高機能ベッドなどの設備機器を自分の判断で入れる場合は、自治体や介護保険事業からの助成や補助があっても、数万〜数十万円の初期のお金がかかります。

また、認知症と診断されたときに下りる認知症保険を用意する保険会社も増えてきました。一方、認知症の人が起こす物損事故などに備える損害保険、個人賠償保険もあります。どんな保険が最適か、保険をかける必要があるかどうか、どのように付保すればよいかなどについても、家族や信頼できる人と相談することをおすすめします。

ライフプランを考えて選ぶ施設入居

現在、主な老人ホーム・介護施設は9種類あります。施設そのものの善し悪しだけでなく、立地条件、日々のサービス内容、職員との相性、お金がどのようにかかるかなども悩みの種です。お金の話になれば、ご自身の懐具合との相談にもなり、本人だけでなく、家族とよく話し合う必要もあります。

家族の方の施設選びのポイントとしては、認知症でも入居できるか、看取りが可能かどうかも重要です。どんな施設がよいかは、人によってまったく違います。しかも、要介護度など条件もあるので、自分が好きに選べるわけではありません。

そこで、大枠として、民間がよいか公的施設がよいか、入居・退去条件、ケアの対応の程度、スタッフの雰囲気、食事内容などについて比較検討するのもよいでしょう。ショートステイで、スタッフや入居者に話を聞くこともできます。

介護施設への入居費用のモデルケース

1. サービス付き高齢者向け住宅の場合

初期費用	138,000円(賃料2ヶ月分の敷金)
月　　額	169,640円(内訳:家賃、共益費、生活支援サービス費、食費)※
入居条件	自立～要介護5

2. 介護付き有料老人ホームの場合

初期費用	5,540,000円(敷金含む。初期費用を抑える例もあり)
月　　額	209,028円(内訳:家賃、共益費、水道光熱費、管理費、食事代など)※
入居条件	要介護1～

3. 認知症グループホームの場合

初期費用	200,000円
月　　額	168,585円(内訳:家賃、共益費、水道光熱費、管理費、食事代など)※
入居条件	要支援2～

※食費は3食30日召し上がった場合の最大費用です。
※介護保険を利用した場合、自己負担分がかかります。

数値例は2024年4月現在の関東圏の一例です。
施設の形態、地域や経済状況によって細かく費用は異なります。
詳しくは直接施設に問い合わせて、気軽に相談してみましょう。

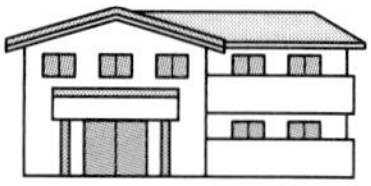

結局のところ、お金が自分の許容範囲であれば、ご自身の好み、フィーリングが合うかどうかを優先すべきです。懇切丁寧なスタッフを求める人もいれば、杓子定規な対応がありがたいと感じる人もいるはずです。もし、本人と家族の意見が食い違っている場合、よく話し合った上で結論を出すしか方法はありません。

施設入居のライフプランを踏まえお金の相談を

高齢の方のお金の問題に関して、たとえば京都信用金庫では、お客さまのライフプランを一緒に考えるライフプランシミュレーションサービスに取り組んでいます。「くらしのカルテ」というライフプラン表のシミュレーションの中で、介護施設に入って最初の入居料は払えても月々の支払いは大丈夫なのか、などをライフプランとして提示していきます。最寄りの金融機関に同様のサービスはないか確認してみるとよいでしょう。

高齢の方は、お金の不足分を働いて補うといったことは考えにくいので、介護保険がどう補えるのかなど、支出を調整していかざるを得ません。

これまで日本では、老後２０００万円問題など、高齢者でも比較的若い資産形成層に向けた情報発信が主流でした。「万一のときのために貯めておかなくてはいけない」という情報の発信です。ところが、その情報発信だけでは不安を煽るだけ。どう使っていくことが大事なのかという点をしっかり考えていく必要があります。

在宅療養は一時の損得でなく信頼できる相手に相談する

介護施設を利用せず、在宅で療養生活を送る高齢者もいます。本人や家族が施設を拒むケースや、自分たちの意向に沿う施設が見つからないケースもあるでしょう。

ただ、高齢者の子ども世代の50～60代はみな働いているのが現実ですから、在宅療養を続けて在宅で看取りたいという思いはあってもできにくいのが現実ではないでしょうか。

さらに在宅療養が長く続くと、親が90代で子どもが70代。そうなるといわゆる**老老介護**で体力的・精神的に続けることができない状況に陥るケースもあります。

相談できる人を身近につくっておく

現在、在宅療養を続けている人は本人と家族の意思で続けているのですから、軽々にそれを推奨したり否定したりはできません。ただ、アドバイスできることがあるとすれば、在宅療養にしても、施設入居にしても、相談できる人をつくっておくほうがよいということです。

もし、誰も相談する人がなく、本人と家族だけが、いわば殻に閉じこもって在宅療養を続けるとなると、本当につらいことです。

「もう施設を探したほうがいいか」「もう少し楽ができる介護サービスはないか」など相談の内容は何でもかまいません。どんなことでも相談できることが社会とつながっていることになり、本人の意向を汲んだ療養になると考えるべきです。

お金はかからないが負担は多い

確かに在宅療養のほうがお金はかからないかもしれませんが、お金と一時の損得だけで測ることができないのが介護の問題です。

面倒を看る家族が介護離職をすると、在宅療養によってお金はかからないかもしれませんが、家族全体の負担度は高まることもあります。お金と負担の天秤の中で判断せざるを得ません。その天秤に何を乗せるかについて、相談できる人がいてほしいと願っています。

なお、在宅療養では、以下も大事なことです。

・始める前に介護申請を行う
・医療ソーシャルワーカー、訪問看護師、医療機関の相談員、訪問診療できる医師、ケアマネジャーなど、在宅療養を支える職に就く人がいることを知っておく
・訪問サービス、通所サービス、短期入所サービス（ショートステイ）、小規模多機能型居宅介護、福祉用具販売・レンタル、住宅改修費用支給など在宅療養で利用できるサービスを理解しておく

介護面・医療面、いろいろな人の援助があって在宅医療も成り立っているのです。

第4章

葬儀とお墓と不動産は金融MAPの一丁目

小さな葬儀、家族葬
――コロナ禍で変わった葬式事情――

最近、葬儀のスリム化・コンパクト化が進んだと感じる人は多いのではないでしょうか？　ＣＭや広告にも「小さな」といったワードや「家族葬」というワードが並んでいます。

少し前までは、一般葬が葬儀の主流でした。親族だけでなく、会社関係者や友人、近所の人たちも参列するのが一般葬です。通夜を営み故人をしのび、翌日告別式を行い、遺体は火葬場に運ばれて火葬する。この形で行われる葬儀が一般的でした。

ところが、少しずつこの葬儀の形が変化してきました。この10年の間に**親族だけで行う家族葬や、儀式を省いた火葬のみの直葬・火葬式**が増えてきました。

高齢化や核家族化が進み、親戚づきあいや近所づきあいも希薄になってきています。年賀状や季節の贈答品のやり取りもひと昔前ほどではありません。これらのことが背景となって葬儀はより小さく、より簡素にという流れが起きているのです。

コロナで変わった葬儀の形

そんななかで起きたのが新型コロナウイルス感染症のパンデミックです。

みなさんの記憶にも残っていると思いますが、感染拡大防止のため、密閉空間・密集場所・密接場面のいわゆる「3密」を避けることが求められていました。葬儀も例外ではなく、多くの人が参列したり、集まって会食したりすることが避けられる傾向にありました。

これにより、コロナ禍前から徐々に起こってきた「より小さく、より簡素に」という流れが一気に加速しました。葬儀社の受注件数のなかで一般葬が占める割合は急激に減少し、それに代わるように家族葬や直葬が増えています。また、通夜を省き、告別式から火葬までを1日で行う「一日葬」というスタイルも広まってきています。

価値観の多様化やインターネットの普及により、葬儀の規模や価格帯も縮小傾向にあります。経済的な面で負担が大きいと感じる人が多かったことの表れでしょう。

日本は超高齢社会であり、多死社会（＝死亡数が増加し、人口減少が加速する状況）で

葬儀費用の平均額推移

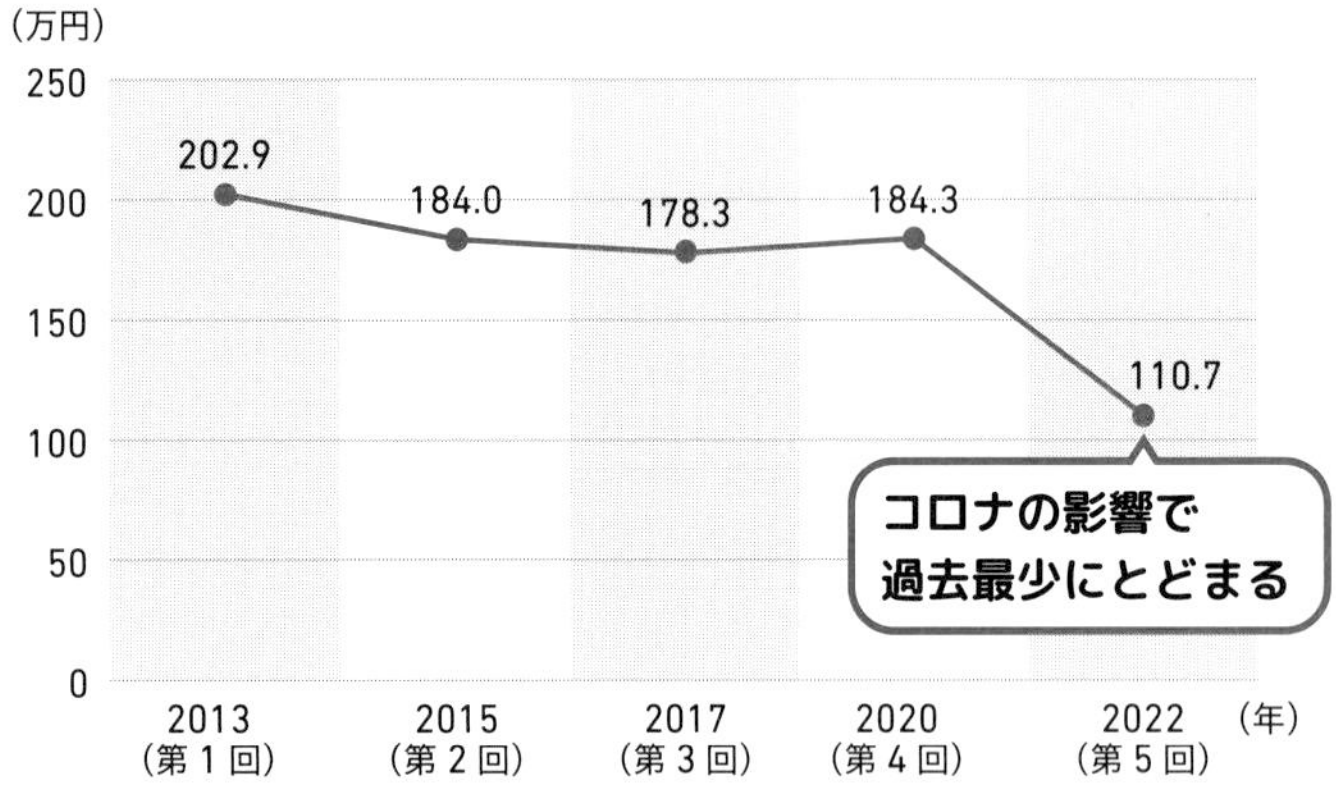
(万円)
250
200
150
100
50
0
202.9
184.0
178.3
184.3
110.7
コロナの影響で
過去最少にとどまる
2013
(第1回)
2015
(第2回)
2017
(第3回)
2020
(第4回)
2022
(第5回)
(年)

2022年	基本料金	飲食費	返礼品	総額
全体	67.8万円	20.1万円	22.8万円	110.7万円

基本料金：斎場利用料、火葬場利用料、祭壇、棺、遺影、搬送費など、葬儀を行うための一式（固定費）
飲食費：通夜のふるまい、告別料理などの飲食(変動費※1)
返礼品：香典に対するお礼の品物（変動費※1）
総額：基本料金、飲食、返礼品の合計金額

※1 飲食、返礼品は一人当たりかかる費用のため、参列人数に比例して変動します

鎌倉新書：いい葬儀、第5回お葬式に関する全国調査（2022）https://www.e-sogi.com/guide/46028/（2024年4月5日検索）より許可を得て転載

もあります。葬儀はますますスリム化・コンパクト化が進んでいくでしょう。

とはいえ、大切なことが１つあります。それは、みなさんは**自分自身で葬儀を執り行うことができない**ということです。

みなさんのなかには互助会に入会している人もいらっしゃるかもしれません。ですが、**亡くなったことは互助会に自動的に通知されることはありません**。互助会が亡くなったことを知らなければ、せっかく生前に入会していても無駄になってしまいかねません。

エンディングノートに葬儀の希望を書いている人も、**エンディングノートの存在を周りに伝えていない**と、希望がわからないまま葬儀が終わってしまうこともあります。

希望の葬儀を周りに具体的に伝えておくことが大切

大切なことは、葬儀に関する希望を周りに伝えておくということです。

葬儀社との契約は亡くなった直後に行われ、その場で葬儀プランや内容を決めることになります。「１週間考えます」といったことはできません。遺影をどうするか、お花はどうするか、骨壺はどうするか。残された人は短時間で多くの決断を迫られます。生前に葬儀の希望を聞いていたり、契約済であることを知らされていればよいのですが、何も聞かされていないと、残された側には心残りが出てくることも少なくありません。

葬儀は必ず誰かに委ねる必要があります。委ねる人のことをイメージして、できるだけ具体的に葬儀の内容を伝えておきたいものです。そうしておくことがみなさんの大切にしている人、ひいては、みなさん自身を救います。

何もしないことも選択肢の1つですが、何もしなければ、結果的に多くの人の手を借りることになります。仮にそれを望んでいなかったとしても、です。

そうならないように、自分自身で葬儀を行ってくれる人を見つけて、具体的に手続きを依頼しておきましょう。そうすれば、葬送の時間もより穏やかなものになるでしょう。

（福村雄一）

お墓の問題は家族が切り出しやすい

みなさんは、家族そろってお墓参りをしていますか？　先祖とのつながりを心の拠り所にしていたり、墓石に話しかけて過去を思い出したり。お盆に親戚同士で集まってお墓参りに行っていた人も多いでしょう。

ですが、そんな日本の「お墓」の光景が、もはや当たり前の光景ではなくなってきています。厚生労働省によれば、２０１１年度まで毎年７万件であった**「墓じまい」**の数が、２０１７年度以降は毎年10万件を超えるようになってきています。コロナ渦前の２０１９年には12万件ほどになっており、**墓じまいの数は20年前と比べて2倍**にのぼっています。

背景にあるのは、少子超高齢社会、世帯構造の変化といった要素です。実際、終活の相談でもお墓に関する話がよく出てきます。

「田舎にあるお墓の維持管理に不安がある」

「子や孫に負担をかけたくない。私の代で解決しておかないといけない」
「自分も高齢になって墓参りに行けなくなった」
「墓が雑草で荒れてしまうのがご先祖に申し訳ない」
「子どももいなくて私が墓守をする最後の1人なんです」

といった声です。

意外に思われるかもしれませんが、お墓の問題は家族が切り出しやすいテーマです。親世代にはお墓を「経済的負担や精神的負担があるもの」ととらえている人が多いのです。

かつては、1つ屋根の下で多世代が同居しているケースが多くありました。日曜日の夕方の国民的テレビアニメのような家族です。人口が増加している時代は、お墓を継ぐ「継ぎ手」のことは大きな問題にはなりませんでした。

ところが、少子超高齢社会の到来で、お墓をどう継いでいくかが一気に問題化してきました。お墓のある場所とそれぞれの生活拠点が離れている場合、家族で集まってお墓参りをすることもそう簡単ではありません。

少子超高齢社会や世帯構造の変化の影響を大きく受けているのがお墓なのです。70代、80代の人たちは、その影響を肌で感じている世代です。自分が子どものころと今の時代のギャップを感じ、お墓を「経済的負担や精神的負担があるもの」と感じることにつながっています。

親世代は「墓じまい」が気になっている

親世代はお墓のことが気になっています。ですから、終活のテーマのなかでお墓の問題は切り出しやすいテーマなのです。不動産の相続やお金の分け方の話は踏み込みにくいという人も、お墓のことであれば切り出しやすいと思います。

さらにいまはお墓の問題を切り出すチャンスかもしれません。

コロナ渦で人の死に接する機会が多くなり、お墓への関心がこれまで以上に高まっているからです。有名芸能人が亡くなり、葬儀ができないまま、骨壺となって家族と再会した光景が記憶に残っている方もいるでしょう。

自分の死生観や先祖、家族との関係性についてあらためて考え直した人も多かったと思います。自分自身や家族の「人生の終《しま》い（仕舞《しま》い）方」に対する関心は高まっています。

そして、今はお墓を選ぶ時代になってきています。樹木葬、海洋葬、サブスクリプション型、オンライン霊園など、お墓の「カタチ」もさまざまになってきています。

墓じまいの進め方

STEP 1 親族と話し合って合意する

STEP 2 墓地管理者(お寺や霊園)に墓じまいの相談をする

離檀料などの費用も確認する

STEP 3 遺骨の新たな供養方法と埋葬先を決める

永代供養、手元供養、散骨といったさまざまな供養方法がある。将来の管理方法や費用などを考えて選ぶ

STEP 4 自治体の改葬に必要な手続きを行う

全国統一の手続きではない。自治体の担当部署やホームページで必要書類なども確認。通常は、墓地管理者から埋葬証明書を、移転先からは受入証明書を発行してもらい、改葬許可申請書を役所に提出。申請後約1週間で改葬許可証が交付されるので、この改葬許可証を新たな供養先に提出する。現在の法律・条例では、一時期だけだが改葬前と後の墓を2つ用意する必要がある。改葬許可証は遺骨ごとに必要。複数の遺骨が入っている場合は人ごとに改葬許可を申請するので、誰がお墓に入っているかを事前に確認することもポイント

STEP 5 墓じまいの供養、遺骨の取り出し

STEP 6 墓石の撤去、更地にして
墓地管理者(お寺や霊園)に返還

STEP 7 移転先に改葬許可証を提出して納骨

墓じまいの費用は30〜300万円ほどといわれています。供養方法によってかかる費用も違ってきます。将来の弔い方（仕舞い方）に合った供養方法を選択しましょう。

管理や供養にかかる費用は負担に感じる。でも、会いたい、残したい、将来も続いていってほしい――コロナ渦で加速した市民生活のオンライン化も、お墓のサービス展開に影響を与えています。精神的な部分と経済的な部分を満たす新しい「お墓のカタチ」が多くの人の心をとらえているようです。

お墓をどうするか、ということは人生の終い（仕舞い）方にダイレクトに関わる話です。

高齢者の金融ＭＡＰの一丁目の１つがお墓の問題です。お金のことを考えるキッカケづくりにしましょう。

（福村雄一）

不動産の名義変更を怠るとペナルティ!?

高齢者の金融MAPの一丁目のもう1つが（田舎の）不動産です。

住まいは日常生活とは切っても切れない関係にあります。お金（財産）の話は切り出しにくいものですが、耳寄りな情報があります。それは、法律改正です。

ここ数年、不動産の相続をめぐる法律改正が立て続けになされています。今後、テレビや新聞、雑誌、インターネットで目にする機会が増えていくはずなので、不動産の相続が気になる場合は、ぜひ話のネタにしてみてください。

「新しいルールになったみたいだよ」

「10万円のペナルティがあるらしいけど、うちは大丈夫？」

「うちの田舎の土地って誰の名義だったっけ？」といったように、です。

不動産の名義は、お墓同様、親世代が気にしているテーマの上位にランクされています。

誰に引き継ぐかといった話の入り口として法律改正の話をしてみるのがよいでしょう。

実はお隣さんも……？　名義変更されていない不動産はかなり多い

街を歩いているときに目にする建物の持ち主が誰なのか考えたことはありますか？住んでいる人でしょうか、地主さんでしょうか、あるいは会社でしょうか？

土地や建物などの不動産は、誰が所有者であるか、その住所と名前が国（法務局）に登録されています。不動産の名義人が亡くなった場合、預貯金などと同じく不動産についても相続が発生します。相続人など、新しく不動産を取得した人の名義に書き換えるには相続登記が必要です。

しかし、相続登記の申請をせず、亡くなった人の名義のままにしていても日常生活を送ることは可能です。家族はそのまま住み続けられますし、毎年春に送られてくる固定資産税の納税通知書も、国（法務局）の登録者ではなく、市町村が把握している現所有者や納税義務者に届きます。

国に登録された所有者と、市町村が把握している所有者にズレが生じていても日常生活に支障がありません。普段、不動産の登記名義について意識することはほとんどないでしょう。

実際に、相続登記がされないまま放置されている不動産はたくさんあります。亡くなった祖父母や父母の名義のままになっている不動産に住んでいる人も多くいます。「うちもそうだわ」と思う人がきっといますよね。

2017年の国土交通省の調査によって、所有者がわからない土地や、所有者はわかっていても所在不明で所有者に連絡がつかない土地の面積は九州よりも広く、国土の約22%にのぼっていることがわかりました。

所有者がわからない状態が続くと、土地の管理もきちんと行われないまま放置されることになります。長年空き家になっている家や雑草が生い茂る土地をイメージしてみてください。みなさんの周りにもありますよね。

このように放置された不動産は周囲の環境や治安に影響して、住民の不安材料になります。「境界線を越えた木々の葉や枝に困っているけど、お隣の所有者が代替わりして連絡先がわからない」とか、「何軒かで共同所有している家の前の通路を舗装したいけれど1軒連絡先がわからない」といった日常生活の困りごとにつながってきます。

また、公共事業や市街地開発などのための用地買い取り交渉ができず、土地の有効活用の妨げになることもあります。

相続の登記漏れは10万円以下のペナルティに！

そこで、法律（不動産登記法）が改正されました。

これまで相続登記をするかしないか、またそのタイミングはそれぞれの意思に任されていましたが、２０２４年４月１日から相続登記の申請が義務化されました。相続によって不動産を取得した相続人は、その所有権を取得したことを知った日から３年以内に相続登記の申請をしなければなりません。

正当な理由がなく義務に違反した場合、10万円以下の過料（ペナルティ）が科されることがあります。２０２４年４月より前に発生した相続についても対象とされているので、相先々代のころからずっと相続登記が放置されている場合でも、今回の義務化によって、相続登記をしなければなりません。この場合は、２０２７年3月31日までの３年間のうちに相続登記を申請すればいいという猶予期間が設けられています。

名義変更をより迅速にする新しいルール

相続が発生したときに不動産を取得する手続きの基本ケースは、次の3通りがあります。

①遺言書で指定された人が取得
②法定相続分を相続人全員が取得
③遺産分割協議をして特定の相続人が取得

遺言書がある場合（①）は、遺言書の内容に従って不動産の取得者が決まります。②と③の場合は、相続が発生すればするほど相続人や関係者が増えていきます。長い間相続登記を放置してしまうと、いざ相続登記をしようと思ったときの手続きが複雑でややこしくなります。

たとえば、みなさんの長年住んでいる自宅が祖父名義のままになっているとします。祖父の名義の家に孫のあなたが住んでいる状況です。このとき、祖父の子であるあなたの親が叔母や叔父と何の話し合いもせず亡くなった場合、あなたは、叔父叔母、従兄弟、甥姪

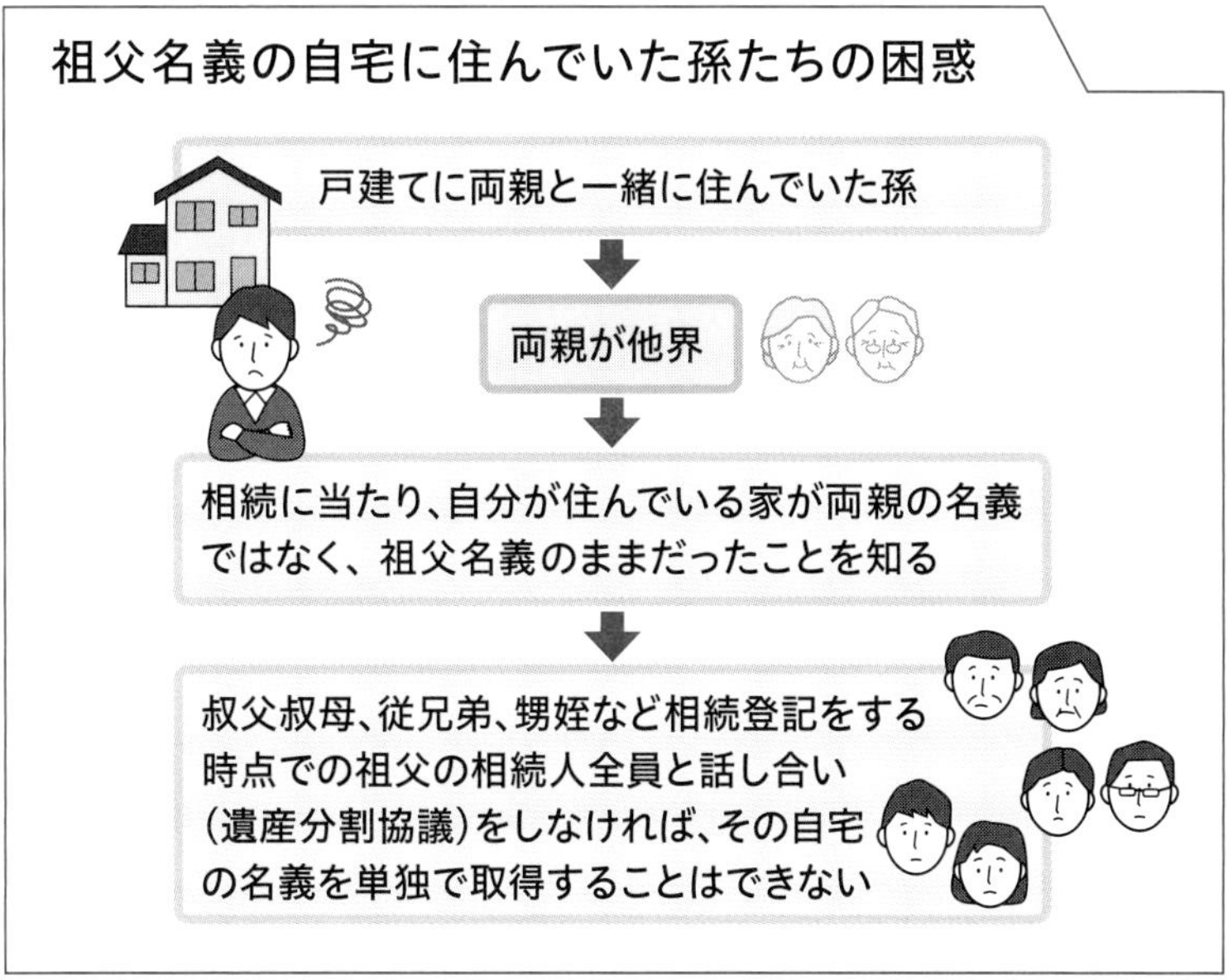
祖父名義の自宅に住んでいた孫たちの困惑
戸建てに両親と一緒に住んでいた孫
両親が他界
相続に当たり、自分が住んでいる家が両親の名義ではなく、祖父名義のままだったことを知る
叔父叔母、従兄弟、甥姪など相続登記をする時点での祖父の相続人全員と話し合い（遺産分割協議）をしなければ、その自宅の名義を単独で取得することはできない

など相続登記をする時点での祖父の**相続人全員と話し合い（遺産分割協議）をしなければ、その自宅の名義を単独で取得することはできません。**

相続人のなかには、疎遠でまったくどこにいるかわからず連絡がとれない人が出てくるかもしれません。なんとか相続人全員での話し合いにこぎつけても、関係者が多くなればなるほど話がまとまる可能性は低くなっていきます。

このような事態を避けるため２０２３年４月１日から**遺産分割協議に関する新しいルール**も始まっています。新しいルールでは、遺産分割協議において特別受益や寄与分の主張をする場合の期限が**相**

続開始のときから10年と定められました。

遺産分割協議では、法定相続分の割合をもとに、相続人それぞれの事情に合わせて具体的な相続分を決めて遺産を分けることができます。生前に援助を受けていた相続人の割合を減らしたり、介護に貢献した相続人の割合を増やしたり、家庭ごとの実情に合わせてそれぞれの遺産割合・額を決めていきます。

新しいルールでは、これらの事情を考慮できるのが10年と定められたので、早めに遺産分割協議をしたほうが実態に合う遺産分割がなされることになりました。つまり、**相続人全員での話し合いに実質的に期限が設けられた**形になったということです。不動産の名義変更も遺産分割協議も早いうちに行われるように、国が制度設計していることがわかります。

それでも、遺産分割協議が3年を超えてまとまらない場合は、相続登記の申請期限内に手続きできないことになります。相続登記義務を一時的にクリアする制度[※1]は用意されていますが、遺言書を作成し、あらかじめ不動産を誰が取得するか準備しておくとスムーズです。

「子どもたちに決めてもらう」

「うちは揉めないから大丈夫」

そんなふうにおっしゃる親世代の人たちもいます。それも１つの選択肢です。ですが、それが落とし穴になることがあります。

相続が始まってしまうと亡くなった親の話を聞くことはできません。大切なことは親世代と子世代がお金（財産）の話をしておくことです。そして、遺言書を残しておくことです。遺言書を作成しておけば、残された人たちはそれを指針にして行動できます。親世代の思いや人間関係がカタチになった遺言書を拠り所にしていけるのです。遺言書、残してみませんか？（遺言書の書き方については次章参照）。

相続登記のイロハ

不動産の名義登録が誰になっているかは登記簿謄本で確認することができます。法務局で登記簿を取得することがはじめの一歩です。

130ページの①、②、③のどれによるかで異なりますが、相続登記を申請するには、亡くなった人の一生分の戸籍謄本（戸籍事項全部証明書）や相続人の戸籍謄本、遺産分割協議書、印鑑証明書といった書類が必要になります。

全国にある法務局に予約して手続案内に行けば、必要書類や登記申請書の書き方を教えてくれます。[※2]

平日に法務局に足を運んだり、遠方の戸籍謄本を収集したりするのが難しい人は、相続登記の専門家である司法書士に依頼しましょう。戸籍などの必要書類の取得から登記申請まで代わりに手続きをしてくれます。

司法書士に依頼する場合の費用は、戸籍謄本の発行手数料などの実費と報酬の合計額になります。一般的な相場としては10万〜20万円ほどが多いようです。司法書士ごとやケースごとに異なりますので、詳しくは依頼する司法書士に確認しましょう。

（天野真衣）

※1　相続人申告登記：不動産所在地の法務局に相続人が自分の戸籍謄本などを提出して自分が相続人であることを申告すれば、法務局が登録をしてくれる制度です。比較的簡単にできますが一時的なもので相続登記ではありません。その後に遺産分割協議が成立して相続登記ができるようになったら従来どおり相続登記の申請が必要です。

※2　法務省：不動産を相続した方へ https://www.moj.go.jp/MINJI/minji05_00435.html（２０２４年４月５日検索）

第5章

お金を生かす遺言書

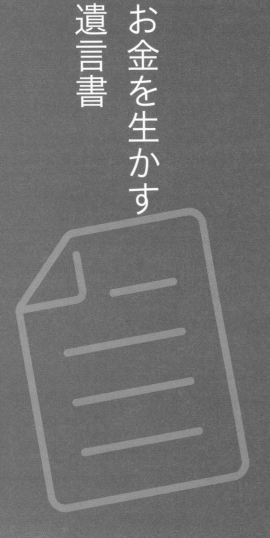

遺言は縁起が悪い？
―遺言書の基礎知識―

遺言に対するイメージは？

「父に『遺言書を書いて』とお願いしたら、『わしを殺す気か！』と怒鳴られました」
「母が『縁起が悪い』と言って遺言書を書きたがらない」

私が司法書士を始めた2004年ごろは、このような悩みごとをよく聞きました。その後、「終活」という言葉が流行し、エンディングノートなどの書籍が多数発刊されるようになりました。「終活」という言葉が浸透するにつれ、**「死に備える」ことは縁起が悪いことではなく、安心安全に暮らしていくためのものである**とパラダイムシフトが起こったように思います。新型コロナウイルス感染症のまん延によりその考え方は加速して、**遺言は「誰もが遺すべき安心して暮らしていくための備え」**という価値観に変わってきました。

いまでは40代の方も遺言書作成の相談にいらっしゃいます。

遺言書の種類

遺言書には大きく分けて２つの種類があります。

(1) 自筆証書遺言

自筆証書遺言とは、手書きで書いた遺言書のことです。

本人が財産目録以外のすべての文章を直筆で記載し、日付、氏名を自書し、押印をする必要があります（民法９６８条）。

用紙はどのような用紙でもよく、サイズも規定がありません（注：後述する自筆証書遺言書保管制度を利用するときには余白の規定があります）。

気軽にいつでも遺言書の作成ができ、文案などを専門家に依頼しないのであれば費用もかかりません。

本人が亡くなった後に家庭裁判所に申立てを行い、検認の手続きが必要になります。検認手続きは後述する自筆証書遺言書保管制度を利用した場合には不要となります。

遺言書と財産目録の書式

遺言書

遺言者山田太郎は別紙財産目録を含む遺言者の有するすべての財産を遺言者の妻 山田花子(昭和33年12月23日生）に相続させる。

2024年5月23日
山田太郎（山田）

財産目録

1. 不動産
所在
埼玉県さいたま市東区 11-2-3
2 預貯金

山田太郎（山田）

以前はすべてを手書きでなくてはいけませんでしたが、2019年１月より財産目録はパソコンなどで一覧表を作成する、預貯金の通帳の写しをつけるなど、手書きでないものも認められるようになりました。手書きでない場合にはすべてのページに署名押印が必要になるので注意しましょう。

（2）公正証書遺言

公正証書遺言とは、公証役場の公証人が作成して、公正証書という書類にして残す方法です。①証人2人が立ち会って作成する、②公証人が作成する、③公証役場で保管される、ことに特徴があります。

自筆証書遺言の場合、たとえば手が不自由な方や高齢で文字を書くことが大変な方は遺言書の作成ができません。その点、公正証書遺言は公証人が文案を作成し、遺言書をつくりますので、本人は内容を確認し、署名するだけで作成ができます。署名も難しい場合には、公証人が意思を確認した上で代筆してくれます。

公正証書遺言の作成には費用がかかります。財産の価額に応じて変動しますので、詳しくは公証人のホームページで確認してください。※

自筆証書遺言を預かるサービス「自筆証書遺言書保管制度」がスタート！

自筆証書遺言は気軽に遺せる反面、次のようなデメリットがあります。

①紛失のリスク

保管場所を相続人に伝えておらず、発見されないままになってしまうなど。

②廃棄・隠匿のリスク

相続人の１人が自分に不利な内容であることを知り、廃棄してしまうなど。

③本人死亡後、すぐに名義替えができない

遺言者が死亡した後、家庭裁判所の検認手続きが必要です。そのため、検認が完了するまでの間は亡くなった方の預貯金の解約や名義変更などの手続きができません。

これらのデメリットを解消するために、２０２０年7月より法務局で自筆証書遺言を預かってくれるサービスが始まりました（自筆証書遺言書保管制度）。事前予約が必要で、

インターネットで簡単に予約でき、保管料3900円で、遺言書の原本とデータを遺言者本人が亡くなるまで法務局が保管します。

これにより、紛失や廃棄・隠匿のリスクがなくなります。また法務局の保管制度を利用した場合には、家庭裁判所の検認手続きが不要となりますので、本人の死後、すぐに名義替えなどを行うことができます。

ただし、法務局では自筆証書遺言が法律要件を満たしているかどうかは確認してくれますが、遺言書の内容のアドバイスや相談は受けつけていませんので注意しましょう。

自筆証書遺言と公正証書遺言、どちらがいいの？

どちらも利点があり、遺言を検討されている方の状況に応じて使い分けましょう。私は次の判断基準でどちらがおすすめかをお伝えしています。

●自筆証書遺言

・手軽に遺言書を作成したい方
・今後定期的に遺言の見直しを予定している方

・費用を安く抑えたい方
・亡くなる直前で公正証書遺言の作成が間に合わない方

●公正証書遺言

・公的な文章で書面を残したい方
・高齢で意思能力に不安がある方
・相続人間の仲がすでに悪く、本人死亡後揉めることが予想される方
・遺贈寄付を検討している方
・自書が難しい方
・病院や施設に入所しており、外出が難しい方

（芝　知美）

※　日本公証人連合会：https://www.koshonin.gr.jp/system/s02/s02_02#:~:text=（２０２４年4月5日検索）

遺言書、専門家はこんなところを注意しています

遺言書を書いたからといって、今すぐに手元の財産がなくなるわけではありません。また、誰とも関係性は変わりません。逆に、遺言書を書かないことで、困る人を生み出してしまうことがあります。自分がどれだけ生きられるかはわかりません。すぐに「そのとき」がきてしまう可能性もあります。だからこそ、このことに気づいた「いま」、遺言書を書くことをおすすめしています。

こんな人は「特に」遺言書をうまく活用しよう

(1) 相続人が多い、現金で分配するのが難しい

不動産や株式を共有にすると後々の手続きが大変です。とはいえ、均等にして人数分に分けることも難しいので、平等にならなくても、分け方は決めておくべきでしょう。

（２）子どもがおらず、親も亡くなっているので、きょうだいが相続人になる

遺言書がなければ、配偶者と自分のきょうだいが遺産分割協議をしなければなりません。自分が高齢で亡くなるなら、そのきょうだいも高齢です。過去の事情もいろいろあるでしょう。遺産分割協議になると配偶者に気苦労も多くなるので、遺言書を準備しましょう。

（３）配偶者（または子どもなどの相続人）が認知症や障害などで判断能力がない

遺産分割協議が簡単にできない家族にとって遺言書は非常に重要です。裁判所が関与する成年後見制度を利用し遺産分割協議することもできますが、遺言書を準備しておくほうが賢明でしょう。

（４）前妻（夫）との間に子どもがいる・再婚相手に子どもがいる

血縁であっても話し合いになれば意見が一致しないこともあります。相続人が他人になる状態では、それまでの関係性がよかったとしても、遺言書で分け方を決めておくほうが無難です。

（５）不仲な（連絡がとれない）家族がいる

遺産分割協議ができない状況というのが、相続後にいちばん困る状況です。特に連絡がとれなくなっている人を探すところから相続手続きがスタートするのは、時間も費用もかかりますし、見つからず、協議すらできないケースもあります。

（6）先に亡くなった父（母）の相続の際に揉めた、または主張の強い家族がいる

前回より遺恨《いこん》が増して、まったく話し合いができない状況であることが多いもの。調停や裁判になるより、遺言で対策したほうが望ましいでしょう。

（7）相続人が海外に住んでいる

日本に住所がない相続人がいる場合、郵便事情だけでなく、手続きの添付書面となる印鑑証明書（署名証明）などの公的証明の対応をしていくのも大変です。

（8）事業をしている（していた）

会社資産と個人資産を明確に分けるのは非常に難しいことです。会社を継がせたい子どもとそうでない子どもの差を決めておくのは経営者の使命の1つです。

（9）寄付をしたい

「お世話になった人がいる」「相続人がいなくて国にあげるくらいなら、自分でもらってくれる先を選びたい」など、いろいろ理由はありますが、実現するには遺言が必要です。

【ポイント1】
家族内でケンカを起こさないための文例

～現預金については長女と次女で金額を指定し、長男に残額を相続させる遺言条項～

第○条　遺言者は長女Aに現預金の内金500万円を相続させる。

第○条　遺言者は次女Bに現預金の内金300万円を相続させる。

第○条　遺言者は現預金の内、前二条の現預金を差し引いた残額の全てを長男Cに相続させる。

第○条　遺言者はこの遺言の遺言執行者として長男Cを指定する。

➡ 残し方を明確にする

専門家が気をつけるケース別の遺言書のポイントと条項例

ここからは、専門家が遺言作成支援の依頼で、注意している点とそれらに対応する遺言条項の文例を紹介します。ぜひ遺言作成時に役立ててください。

【ポイント1】家族内でケンカを起こさないための注意点

●ケンカになる理由

・遺言者から子どもたちにあいまいな表現で相続の意図を伝えた気になっている

・右記が原因で、相続人に自身に都合のよい解釈をさせてしまっている

●専門家の視点

・財産を残す人が、残し方とその意図を明確にして、遺言書をつくっておく

・場合によっては、生前贈与や生命保険の活用も検討して対応する

【ポイント2】子どもたちで平等に分ける際の注意点

●問題になる理由

・不動産はスッキリとは分けにくい（共有名義にすると売却の際に苦労する。また、管理を一部の相続人が負担することになり不平等が生まれる）

・株や投資信託などの有価証券の価値は常に変動するし、換価するタイミングも難しい

・相続人ごとのこれまでの貢献に配慮し、また逆に相続人が受けてきた恩恵を考えて調整する作業は正解がなく、想像以上に難しい

・土地ばかりが相続財産で、相続税の納税資金が足りないケースや、平等にするには一部の相続人からほかの相続人へ代償金の支払いなどを検討せざるを得ないケースでは、相続人が不満に思ったり困ったりすることもある

【ポイント2】
子どもたちで平等に分けたいときの文例

〜すべての財産を換価して分配する条項〜

第○条　遺言者が有するすべての財産を遺言執行者に換価させ、その換価金から債務、葬儀費用、処分費用及び遺言執行にかかる費用を精算した後、その残金を長男Ｄに３分の２、二男Ｅに３分の１の割合で相続させる。

〜代償金の支払いを設定した遺言条項〜

第○条　遺言者は遺言者が有する下記不動産を相続人Ｄに相続させる。但し、Ｄはその代償金として相続人Ｅに1000万円を支払うものとする。

（不動産の表示　略）

第○条　遺言者は預貯金を相続人Ｆに相続させる。

➡ 完璧な平等分配は不可能と知った上で判断する

●専門家の視点

・そもそも相続における平等は幻想で、完璧な分配は不可能であることを理解する

・すべての相続財産を換価して、債務や費用を差し引いて分配する方法もある

・究極は、遺言はつくる人の判断がもっとも重要で、「自分勝手」や「偏り」があってもよいものだと理解する（遺言者が悪者になったとしても、相続人の間に遺恨を残さない）

【ポイント3】
財産を活用したいときの文例

～有価証券（上場株式）を相続させる遺言条項～

第○条　遺言者は、遺言者の所有する次の株式を、妻Ｊに相続させる。
証券会社名　●●証券株式会社　●●支店
口座名義人 ●●　口座番号　●●
・銘柄　●●　銘柄コード　●●　数量　●●株
・銘柄　●●　銘柄コード　●●　数量　●●株
⋮

～未分割の相続財産に対応した遺言条項～

第○条　遺言者は、遺言者の亡妻Ｊについての相続持分のすべてを、長女Ｈに相続させる。

～遺言書で特定しなかったその他すべての財産を相続させる条項～

第○条　遺言者は上記以外の現金その他一切の財産を、長男Ｉに相続させる。

➡ 財産の棚卸しが不可欠。見落とし財産のチェックも！

【ポイント3】相続財産がちゃんと活用されるための注意点

●困る理由

・**相続財産は、相続人にわかる（発見できる）ようにしておかなければ受け取れないこともある**

・そもそも遺言を書く人自身が忘れてしまっている財産（土地や預金、保険など）もある。特に親やきょうだいから**承継した財産や未分割の相続財産は要注意**

・金製品、絵画や骨董、宝石類、趣味のコレクターアイテムなど、実は高価なものであったとしても、**相続人が価値をわからず捨ててしまう**可能性がある

・タンス預金は処理が悩ましい。また「あった」「なかった」の争いの元になることも

●専門家の視点

・**遺言書をつくる前に財産の棚卸し**（書き出して、金銭的価値を確認）をする
また、相続させたときの相続税や維持費（固定資産税や修繕費）も検討する
・不動産の納税通知書や名寄帳（市区町村の課税台帳）を確認する
・遺言書に銀行口座や証券会社、金銭的価値の高いものは相続人が把握しやすいように遺言の内容として残しておく（生前に処分、または使い切ったとしても、その部分が無効になるだけだから問題ない）
・財産の見落としがあったときにでもケアできる内容の遺言にしておく

（浅井健司）

遺言書「間違い探し」

遺言書の不備はあとの祭り

ある日、次ページのような内容の自筆証書遺言を持参して、相続人の1人から相談が寄せられました。この遺言書は適法に成立しているでしょうか？　また名義を変更する上で何か支障はないでしょうか？

公正証書遺言であれば、公証人が遺言の法的な要件を整えて作成するので、法的な要件に不備があることはありませんが、自筆証書遺言の場合、誰にも相談せずに作成したものは、**しばしば遺言書の要件を満たしていなかったり、満たしていたとしても実務上望み通りの手続きができなかったりする**場合があります。

では、持ち込まれた自筆証書遺言を例に問題点を挙げてみます。

曖昧な遺言書の例

遺言書

私は以下の通り遺言します。

1. 先祖代々の土地①は大事にしてほしい。
   よって家督を相続するもの②に相続させる。
2. 畑・田は農家を継ぐ者がいないため、●●市に寄付する。③
3. 預貯金は相続人全員で話し合って分けてほしい。④

2024年5月吉日⑤

遺言者 山田太郎⑥

①先祖代々の土地ってどこ？

遺言書の役目は遺言者が亡くなった後、法務局や金融機関に提出して、名義を変更し資産を承継させることにあります。「先祖代々の土地」とは作成した山田太郎さんはどこなのかわかっているでしょうが、法務局にはわかりません。複数の不動産を所有している場合、先祖代々の土地とそうではない土地がわかりにくく、混乱を招きます。このようなあいまいな書き方の場合、名義替えがスムーズにできない可能性があります。

②家督相続って誰が？

家督相続とは、戸主が死亡または隠居した際に長男が単独で地位や財産を相続するという制度です。以前はあった制度ですが、現在は廃止されています。この遺言書では、「長男に相続させる」という意味なのか、「名字を継ぐもの」という意味なのか判別できず、名義替えがスムーズにできない可能性があります。

③寄付を受け取ってくれる？

「相続人の中で誰もいらない不動産は市に寄付すればいい」と考えている方もいますが、事前に打ち合わせをしておかないと引き受けてもらえないこともあります。寄付をしたい場合には、遺言書を作成する段階で、引き受け先と打ち合わせをし、遺贈寄付を受けつけているかどうかを確認しましょう。なお、国が相続後に土地を引き受ける制度（相続土地国庫帰属制度）が始まりました。こちらも検討しましょう。

④遺産分割協議書が別途必要になる

遺言書は亡くなった方の意思を残すことも重要ですが、亡くなった後の手続きの手間を減らすのも大切な目的の1つです。「預貯金は別途協議」するとなると、結局、遺産分割協議を行わなくてはならず、手間暇が軽減できません。

⑤吉日では遺言書が無効となる可能性がある

遺言書には日付を記載する必要があります。「吉日」ではいつ書いたのか判明しないため、遺言書が無効になる可能性があります。ただし、遺言書を書いた日が遺言の内容からわかるのであれば、無効にはされない場合もあります。今回の遺言書では、内容からもいつ書いたのか推定できないので、無効になる可能性が高いです。

⑥押印がない

自筆証書遺言は押印が必要です。よって押印がされていない遺言書は無効です。

遺言書の文案は専門家に相談しよう

遺言書を相続人などが確認するのは、通常、遺言者である本人が亡くなったときです。遺言書に不備があった場合、せっかくの遺言が無効になってしまいます。このような事態にならないように、遺言書の作成は専門家に相談して行うようにしましょう。

遺言書は遺せばいいというものではなく、その「遺し方」が重要です。揉めない遺言書、相続人などが困らない遺言書の作成はコツがあるので、文案は専門家に相談しましょう。

（芝　知美）

2人以上の相続人がいれば相続は揉めるものと思っておこう

「財産が少ないから揉めない」は間違い

「うちは揉めるような財産がないから遺言書はつくらなくて大丈夫」

そんな声を聴くことがあります。

２０２２年に家庭裁判所で解決した遺産分割調停の遺産の価額は１０００万円以下が全体の３分の１を占めています。遺産の価額が５０００万円以下の場合を含めると全体の３分の２を超えており、財産額が少ないほうが揉めやすい傾向にあることを示しています。

揉めないための遺言―遺留分を意識した内容にする

事例を挙げて考えてみましょう。

相続人が長男・二男・三男の３人となる事例です。父親が亡くなり、「長男にすべての財産を相続させる」という遺言書が見つかりました。二男は「自分にも相続権があるはずだから、財産が欲しい！」と主張しました。三男は父親の意志を尊重して「自分はいらない」と言っています。この場合、長男はどの程度の財産を二男・三男に分けなくてはいけないでしょうか。

①遺留分とは

遺留分とは一定の相続人に対して、遺言によっても奪えない遺産の権利のことをいいます。配偶者と子どもが相続人の場合、法定相続分の２分の１が遺留分となります。親や祖父母のみが相続人である場合には、遺留分は３分の１です。兄弟姉妹には遺留分はありません。

今回のケースでは、相続人は子ども３人なので、法定相続分は各３分の１ずつ。遺留分は法定相続分の半分になるので、１／３×１／２＝１／６が遺留分として主張できます。

②遺留分が請求されたら

今回の事例では二男が遺留分を請求しています。全財産を相続した長男は二男に法定相続分×6分の1に見合う金銭を支払う必要があります。**遺留分は請求されたら支払うもの**です。よって、請求をしなかった三男には支払う必要がありません。

③遺留分を意識した内容の遺言書を作成する

このように一定の相続人に対しては遺言によっても奪えない権利があります。遺言書を遺すときには遺留分に配慮した内容を作成しましょう。

この事例のようにすべての財産を特定の人（今回は長男）に相続させたい場合には、仮に遺留分が請求されたとしても、相続した長男が困らないように、**遺留分に見合う金銭を用意**できるよう、生命保険なども活用してスキームをつくることが大切です。

揉めないための遺言──「付言事項」を活用する

「付言事項」とは、どうしてこのような内容の遺言書を遺したのか、その理由や今までの感謝の気持ちや今後の願いなど、遺言者の思いを、遺言書に記載して遺すことをいいます。

この付言事項には法的な拘束力はありませんが、遺言者が相続人に遺す最後のメッセージですので、心理的な影響力があります。

付言事項の書式例

付言事項

3人の息子たちにはとても感謝している。いつも気にかけてくれてありがとう。特に長男には私の面倒を熱心に看てくれて感謝しています。

生前に二男と三男には土地建物を購入するときの資金援助をしているので、私が亡くなった後の財産は長男にすべて相続させたいと思う。

これからも兄弟3人が仲良くいてくれることを望みます。

先ほどの事例のように、長男にほかの兄弟よりも多く財産を遺す場合など、不平等な取り扱いをする場合には、なぜこのような内容にしたかという理由を書き遺すことで、二男・三男も納得し、相続人間の揉めごとが防げるケースもあります。

そのためにも、**思いを簡潔に書き遺しましょう。**

（芝　知美）

それでも遺言を書きたくない人へ

遺言書の作成以外に方法はないのか？

それでもやっぱり遺言書を作成するのは気が乗らないという方がいるかもしれません。その場合、遺言とは制度が異なりますが、次のような代替えできる手段があります。

(1) 生前贈与

遺言が本人1人でできる法律手続きであることと比べて、贈与はあげる人ともらう人が約束する法律手続きです。生前贈与は、①生前から財産の名義が変わるという点、②2人以上で決めていく契約行為である点、③税金が原則的には相続税ではなく贈与税で計算される点で、遺言と大きく異なります。

（2）家族信託（民事信託）

前述（44ページ参照）

（3）生命保険

後述（189ページ参照）

また、財産の手続きとは少し異なりますが、相続時に財産をもらう相続人に加えていくという方法として、「養子縁組」も検討されることがあります。

生前贈与のいろいろ

税制上、相続税と比べると贈与税は税率が高くなりがちで、不利に働くことが多いのはよく知られていることかもしれません。それでも、贈与するタイミング、理由や条件が揃う場合は、税金上優遇される取り扱いもあります。

主だったものを紹介しますので、参考にしてみてください。なお、税金面の適用については法改正も多く、制度の取り扱い変更や、その方の事情や資産状況によって要件が異なることがあります。利用を検討される場合は、必ず税理士や税務署に確認しましょう。

・暦年贈与（年間110万円以内の贈与）
・相続時精算課税（2500万円分の贈与分を相続のときに精算する贈与）
・おしどり贈与（夫婦間で居住用不動産を贈与したとき2000万円までの配偶者控除）
・住宅取得資金の贈与（父母や祖父母から住宅取得等資金の贈与を受けた場合の最大1000万円までの非課税枠）
・教育資金の一括贈与（父母や祖父母から教育資金の一括贈与を受けた場合の非課税枠）

遺言書作成以外の財産の分け方の方法をお伝えしましたが、左の表のように遺言書は財産を引き継ぐ以外の効果をもたらすことができます。レアケースもありますが、場合によっては非常に有効な手段になるでしょう。

遺言書はその内容を実現してくれる人まで選べる―遺言執行者―

最後に、少し違った視点で、遺言書の大切な役割を説明したいと思います。それは、遺言書に「遺言執行者」を定めることができることです。

遺言執行者とは、その遺言書に書かれた内容を実行するために、遺言書で指定された

遺言書でできること

祭祀承継者の指定	仏壇や位牌などの祭具、お墓の所有権は、慣習に従って祖先の祭祀を主宰する人が承継するのが原則です。しかし、遺言で指定して祖先の祭祀を主宰すべき人（仏壇やお墓を引き継ぐ人）を選ぶこともできます。
生命保険の保険金受取人の変更	遺言によって保険金受取人の変更をすることもできます。生前に受取人の変更できない事情がある場合は検討してもよいかもしれません。
子の認知	かなり特殊な事情かと思いますが、認知していない子がいる場合は、遺言によっても認知することができます。
未成年後見人、未成年後見監督人の指定	未成年者に対して親権をもっている人は、自分が亡くなった後でその対応をしてもらう未成年後見人を遺言で指定することができます。
相続準拠法の適用の指定	外国籍の方の相続は、ご自身の本国法の規定に従うのが原則です。ただし、日本の法律が適用できる場合もあるため、自分の相続に関して、日本の法律に従った相続手続きが行えるようにすることができます。

人のことです。遺言執行者は未成年者と破産者以外は誰でもなることができます。一般的には、メインの相続人など（弁護士や司法書士、信託銀行などの専門職に頼むことも可能）を指定します。

遺言執行者がいれば、亡くなった後にすぐに相続手続きに着手でき、また財産の内容を確認して銀行預金を解約したり、証券会社の手続きをしたり、場合によっては相続した不動産を売却してそれを分けたりすることができます。余計な感情や思惑を入れずにその対応が速やかに行えます。

実際に相続が起こっても、誰も手続きをやりたがらず手続きが止まってしまう、または相続手続きの主導権争いが起こってしまう相続が多いことから、遺言執行者の指定は財産をどのように分配するか以上に重要な意味があります。

相続後に、その財産を誰も触れなくなってしまう状況は、「お金を生かす」という意味でも、防ぐべきことです。

この遺言執行者を定めることができるという視点からみても、相続手続きには、遺言書があったほうがよいという結論になるかと思います。

（浅井健司）

パソコンやスマホで作成 OK ？
〜自筆証書遺言の今後〜

1
本人の手書きと押印が義務づけられている「自筆証書遺言」について、デジタル機器での作成を解禁する動きがあるみたいだよ。
2
わー それは便利になるね！ 解禁されたらどうなるの？
3
パソコンやスマホでもっと手軽に遺言書を作成できるようになるんだ。いまは高齢者でもスマホを使いこなす時代だからね！ 遺言もデジタル化ってことだね。
4
でも…… 手書きじゃなくなったら、どうなって本人の意思を確認するの？ 本人がつくっても、たとえば財産が欲しい子どもがつくっても、見分けがつかなくなるんじゃない？
5
そう。そこが問題だよね。便利になるのはいいけど、本人の意思で本人がつくったという証拠をどのように残して担保するのかが大きな課題になっているよ。いままでは手書きをすることで、本人の意思と本人がつくっていたことを担保していたからね。
6
デジタル化するときにはどうやって担保する予定なの
7
これからの議論になるけど、電子署名にするとか、画像を残すなどの意見が出されているようだね。いずれにせよ便利さの追求だけではなく、本人が亡くなった後にトラブルを招くことがないように、慎重に議論していく必要があるね。

最期まで安心して1人でいるための準備

あなたもわたしも「おひとりさま」予備軍!?

「おひとりさま」というワードが世に浸透して久しいですが、みなさんはこの言葉を聞くとどのような方を想像されますか?

家族がいない1人暮らしの方、大げさに言うと天涯孤独な方といった想像をされるかもしれません。

しかし、実際にはそれ以外でも、「おひとりさま」あるいは「おひとりさま予備軍(潜在的なおひとりさま)」と言える方は数多くいらっしゃるのです。

たとえば子どものいない夫婦や、未婚できょうだいと生活されている方、あるいは子どもがいても疎遠な場合などは、お互いに元気なうちは大丈夫ですが、どちらかが施設に入所されたり、あるいは亡くなったりしてしまうと、残されたほうは「おひとりさま」となってしまいます。言ってみれば、「おひとりさま予備軍のおふたりさま」といった状態です。

また、なんらかの事情で入籍（結婚）をされていない、いわゆる内縁関係にある方については、残念ながら現在の法律上は赤の他人ですから、相続のように法律が絡む場合は、家族と同じ立ち位置にはなれません。

そのほかにも、いわゆるLGBTQに代表される性的マイノリティの方々については、近年徐々に制度整備が整いつつあるとはいえ、法律上ではパートナー間の相続権がないなどの理由から、相手が亡くなった場合の法的立場までが確立されているとは言い難い状況です。

いずれにしても、将来万が一の場合にすぐに動ける（法律上の）家族が身近にいない方は、広い意味、あるいは法律的な意味では「おひとりさま」と言えるのではないでしょうか。

もちろん、「おひとりさま」であることそれ自体には何の問題もありませんし、無理やり誰かと同居したり、入籍したりする必要はありません。

ここでは、「おひとりさま」が、最期まで安心して1人でいるために、どのような準備が必要なのかを見ていきたいと思います。

「老後」と「死後」どちらが心配？

経験上、「おひとりさま」の方々は、得てして「老後については悲観的」「死後についてはは楽観的」な方が多いように思います。

すなわち、自分の体が思うように動かなくなった後、いったい誰が自分の世話をしてくれるのか、自分の生活はどうなってしまうのかということについては、比較的多くの方が不安に思われています。

一方で、ご自身が亡くなった後のことは、「どうせお金を残したい相手もいないから、あとは周りで好きにしてくれればいい」というわけです。

なるほど、ご自身が生きている間のことは心配だが、亡くなった後はもう自分はこの世にいない、家族もいない、きっと周りがいいようにやってくれるだろう、という気持ちは、わからなくもありません。しかし、問題は、きちんと準備をしていなければ「周りがいいようにはできない」、あるいは「周りがいいようにするのはとてつもなく大変」だということです。

「おひとりさま」の場合、ただでさえ大変な死後の手続きをする上で、2つの大きなハードルがあります。1つ目は、故人に関する「情報がない」ということ。2つ目は、手続きを行うにしても周囲の方にその「権限がない」ということです。

つまり、お金が残っていたとしても、法律的に資産を動かせる人が存在しないか、いるかどうかもわからない。さらに、法律的に言えばこれらの手続きができる人すらいないことになります。結果的に、そのつもりはなかったとしても、周囲の方が困ってしまう、ということになりかねないのです。

老後（たとえば認知症など）の法律上の準備については、「任意後見制度」（38ページ）などが参考になるでしょう。

ここでは、「おひとりさま」特有の死後のお困りごとについてその解決策を考えてみましょう。

おひとりさまのマストアイテム「遺言書」

その解決策の1つが「遺言書」です。

遺言書は、法律的には死後の財産の行き先や分け方を決めるのもの、つまり、「誰に財産を残したいか？」を決めておくものという側面が強くありますが、実はもう1つ大きな効力があります。

それは、遺言書があれば、「相続人でなくても残したお金を動かせる」というものです。

もともと身近に家族がいらっしゃらない方は、自身亡き後のお金の行き先には、さほど興味はないかもしれません。しかしながら、ここは周りを助けると思って、まずはその行き先を決めてもらいます。

血縁のない友人でもかまいませんし、お世話になった病院や施設に寄付するというのでもかまいません。動物が好きであれば、動物愛護団体でもよいでしょう。

寄付する金額を具体的に決める必要はありません。それよりも「一切の支払いをした上で、残額を寄付する」としておきましょう。

次に大切なのが、「遺言執行者」を決めておくことです。

これは、実際に本人亡き後に、その遺言書の内容を実現してくれる人、つまり、手続きを行う人のことです。遺言執行者には特別な資格はいりません。周囲の方でもかまいませんし、専門家に依頼することも可能です。

遺言執行者は、本人亡き後、残したお金に「手をつける」（といっても、もちろん遺言書の内容の実現のためですが）ことが可能です。

遺言書の内容は、そう、「一切の支払いをした上で、残額を寄付する」でした。

つまり、遺言執行者は、寄付をする前の段階で、本人の残したお金の中から、本人の支払うべきお金（病院代、施設代、火葬や葬儀・納骨代、家の片づけ費用、税金など）の支払いをすることができるのです。これは、言ってみれば、「亡くなった後の必要な支払いをしてくれる人」を決めておくのと同じことなのです。「おひとりさま」が遺言書で遺言執行人を決めておくこともマストと言えます。

遺言書があるのとないのとでは、周囲の方の負担は段違いです。本人亡き後に残った支払いなどに関して、病院や施設の職員の方や大家さんが、わざわざ費用を負担して相続人を探し出す必要はありませんし、費用倒れになることを恐れて泣き寝入りする必要などまったくないのです。

遺言書は、何十万円もかけてつくる必要はありません。法的な要件を満たしていれば、手書き（自筆）で簡単に作成することも可能ですし、法律的な効力はまったく同じです。

「できるだけ周りに迷惑はかけたくない」「多少のお金はあるから、後は周りが何とかしてくれるだろう」

その気持ちがあるのであれば、ぜひとも遺言書の作成を検討してみましょう。

家の片づけなどの後始末は「死後事務委任契約」で対応

そしてもう1つの解決策が**「死後事務委任契約」**です。

その名のとおり、**亡くなった後の事務手続きをお願いしておく契約**です。

遺言書と似ていますが、遺言書が「亡くなった後の財産の行き先を決める」のに対し、こちらは「亡くなった後の事務行為をお願いしておく」ことです。

たとえば、本人が亡くなった後、住んでいた賃貸アパートの片づけや明け渡しについて、誰かに生前にお願いしておきたい場合はこちらの契約になります。

この契約をしておけば、相続人でなくても、遺品整理、家財道具の処分、部屋のクリーニングなどを代わりにすべて行うことが可能です。

また、部屋の片づけだけではなく、葬

儀や納骨、電気ガス水道や携帯電話の解約、役所への届出など、死後に必要なさまざまな手続きを代行してもらうこともできます。死後に必要なたくさんの手続きを、家族でなくてもできるようにしておく、それが死後事務委任契約です。

頼む相手は誰でもかまいません。血縁のない友人でもかまいませんし、こういった手続きに慣れた司法書士などの専門家に依頼することも可能です。

もっとも、昨今の社会情勢からすると、これらを「おひとりさま」自身の問題と捉え、個人の責任だけで準備をしておくことを求めるのではなく、「おひとりさま」の周囲にいる関係者と一緒に準備していくことが望ましい姿といえます。

たとえば、病院や大家さんが一方的に「身元保証人がいないと入院・入居はできません」と入口で拒否するのではなく、法律的な相談窓口を案内したり、直接専門職につないだりして、「おひとりさま」の状況を理解し、自分たちが困らない方法を学び、行動することも大切です。

義務感「must」だけではない意思「want」を意識

最後に私が扱った事案のなかで、印象深い女性を紹介します。

末期の肺がんで医師から余命宣告を受けた、Aさんという80歳の女性です。Aさんは、故郷の専門学校を卒業後、すぐに都会に出て美容室を経営し、自ら化粧品の開発なども手がけるワーキングウーマンでした。

髪は金髪、モードっぽい雰囲気の洋服をおしゃれに着こなし、さすが元カリスマ美容師というオーラが漂っています。

複雑な家庭環境のもとに生まれ、故郷の親族との交流はまったくありません。

「自分の死後、血のつながりというだけで何の交流もない親族に葬儀やお墓を決められ、家の中にまで入って来られるのはイヤ」「いままで自分のことは自分で決めてきた。最期についても自分自身で決めたい」という相談内容でした。

葬儀は、僧侶も司祭もいない、カジュアルパーティーのようなお別れ会にして仕事関係や友人を多数招きたい。海が大好きなので、墓は墓石も墓標もない海洋散骨したい。会葬礼状や遺影、葬儀参列者へのお返しの品までもこだわり、これらすべてを死後事務委任契約に落とし込みました。

遺産は家も含めすべて処分し、懇意にしていた理容美容専門学校に全額寄付するという遺言書も作成しました。

もし何も準備をせずにAさんが亡くなった場合、Aさんのこれまでの生き方やポリシーなど、何もわからない親族が手続きを行うことになります。葬儀は参列者なしの火葬のみ、遺骨は故郷の墓に納骨され、残った遺産はすべて親族が相続することになるでしょう。

死後事務委任契約と遺言書を作成して

いなければ、Aさんの希望を叶えることは不可能です。

Aさんは、**余命宣告を受けてすぐにこれらの準備を進めました。**死後の手続きに関する不安が解消されたことで、アクティブに動きまわれる間に、これまでお世話になった方々と会って感謝の気持ちを伝えたい、スカイダイビングにも挑戦したいなど、**いま現在の「生」に目を向けられるようになった**とおっしゃっていました。

Aさんとの関わりを通じて、遺言や死後事務委任契約などの準備は、周囲に迷惑をかけないためという義務感からだけでなく、生きているいまの自分自身のためのもの、**自分の人生をデザインするためのツール**でもあるのだということを再認識しました。

このコラムでは、「おひとりさま」にまつわるリアルの一端についてお伝えしました。

「おひとりさま」が今後とるべき準備の必要性に少しでも気づき、また「こんなことができるんだ！」と感じていただけたら幸いです。

（青葉洋明・安藤紀子）

第 6 章

必須！保険の見直し

保険の見直しは「見直したほうがいいかも」と思ったときがタイミング

人それぞれですが、人生にはいくつか節目があります。

○就職・転職・退職
○結婚・離婚・死別
○子どもの誕生・子どもの独立
○住宅購入

必ずしもその節目に保険の内容を見直さなくてはならないというわけではありません。社会的に責任を負うことや家族構成など、生活環境が変化することで加入している保険が十分でなかったり、その逆で不要になったりすることがありますし、見直さなくてもよい選択肢もあります。不安や疑問が起こり、「見直したほうがいいかも」と思ったときがタイミングでよいのです。

保険は引き受けに健康告知の査定があるので、見直したかったのにできなかった！　とならないよう、日ごろからの健康管理には注意が必要です。

なんといっても、日本には公的な素晴らしい医療保険制度があります。

公的な医療保険制度があることで「保険不要論」を語る人もいますが、保険に入っておらず、貯蓄が不十分で、疾病が公的な医療保険制度だけではカバーしきれなかったため生活に困窮する人もいます。

ですから、すべての人が医療保険制度だけで十分とはいえない場合も多くあることをご理解ください。保険はいざというときにその威力を発揮します。内容がよくわからなくて不安という人は、しっかり本音を語ってくれる担当者に相談しましょう。

結婚・再婚・離婚（または死別）のタイミング

昨今晩婚化していて、中高齢で結婚（または再婚）して家庭をもつ場合があるかもしれません。なかには「年の差婚」の方もいるでしょう。

夫婦２人で将来に向けて考えておきたいのが、ご自身やパートナーに予期せぬアクシデントが起こり、介護が必要になったり、認知症になったりした場合のことです。

パートナーに負担をかけないような備えは十分か？　認知症になってもちゃんとパートナーが保険金を受け取れるのか？　やはり経済的に不自由な思いをさせたくないもの。そういった思いや気持ちを形にしておくのが保険の役割です。

家庭のあり方によって保険の考え方も選び方も大きく変わります。今までの備えでこれからのライフスタイルに合っているなら継続するべきです。ただし、継続する場合でも、契約者や受取人の名義・住所などの変更手続きをしたほうがよいケースがあります。

逆にライフスタイルに合っていないのであれば、付帯している不要な特約だけを解約して足りない特約（たとえば、介護や認知症になった場合の保障など）を追加することを考えてもよいでしょう。単品で、介護や認知症の保障に特化した保険も出ています。

結婚している間は死亡保険金の受取人を配偶者にしているケースがほとんどですが、離婚や死別の場合は、死亡保険金受取人や指定代理請求人[※1]の名義を変更することが必要です。この先「おひとりさま」になって1人で生きていかなくてはならないかもしれません。もし保障内容に不安があれば、解約や新規加入の検討をおすすめします。

★一口メモ★　こんなケースが増えています！

夫が加入していた死亡保険の受取人を妻に指定していたのに、受け取るはずの妻がすでに認知症を発症していて保険金を受け取れなかった、というケースです。

妻は夫が死亡したのかも判断できませんし、保険金を請求することもできません。せっかく夫が一生懸命働いたお金で保険料を払い、万が一のときに妻のために保険金を残そうと思っていたのに、生前に対策をしておかなかったため、残念ながら手遅れとなってしまうこともあります。

受取人が認知症の場合の保険金請求方法としては次の２つです。

●成年後見人または任意後見人が請求（親族が家庭裁判所へ申し立てることが必要）

●法定相続人の代表者が代理請求（保険会社によって異なる）

ほかにも、生命保険の契約者が認知症になったことで、保険の解約や名義変更などの手続きができなくなるケースも増えてきています。認知症になりたくないというのは誰もが共通する思いですし、なったときのことを考えると気が滅入るので考えたくないかもしれませんが、適切に対策をしておくことで安心して過ごせるのではないでしょうか。

もし認知症になった後でも充実した生活を送るために、保険金や給付金が自分を支援してくれる家族の手に確実に渡るよう備えておくことが重要です。

転職・定年退職のタイミング

最近は働き方が多様化していて会社員だけではなくフリーランスで働く人や副業をする人も増えてきました。会社員として働いていたけど独立して自営業になる人もいます。高齢でもお元気であれば働きたいと考える人はますます増えそうです。実際に70歳で起業した人もいます。もし何らかの事情で働けなくなったら労働災害補償保険が適用される会社であれば、健康保険から「傷病手当金」[※2]として給与の3分の2程度を受け取ることができる場合もあります。

しかしフリーランスの方は自分で自分の身を守らなくてはなりません。特に独身生活者であれば働けなくなるリスクが常についてまわります。働けなくなっても住む家の家賃や光熱費の支払いは待ってはくれません。もしご自身がそうなった場合に預貯金に十分な蓄えがなければ、毎月給付金が受け取れたり、当面の生活費が困らない程度のまとまった一時金が受け取れたりする保険があると安心です。

転職や再就職をした場合は、就いた職種や置かれた環境の変化によって、どんな保障が必要か、現在の加入の保障内容が十分かどうか確認することも大事です。

定年退職するころには住宅ローンが完済していたり、子どもが独立していたりして、ご自身が死亡したときの家族への必要保障額は減っているという人は、その分安心して長生きできる生活費や医療費の確保に向けた備えにあてる、ということもあるでしょう。まだまだ元気な人は別の仕事をスタートするかもしれませんが、必然的に毎月の収入が減ることが多いと思いますので、保険の見直しも必要かもしれません。

ただ、このタイミングで保険を見直すとなると、それ以前に病気を発症しているケースが多く、健康告知によっては新たに保険に加入できなかったり、通常より割高な緩和型や部位不担保などの条件がついたりすることもあります。そもそも年齢的に病気や死亡のリスクが高いため保険料も高くなります。特に生活習慣病や要介護状態となった場合、家族への負担が大きくなります。

ですから、健康なうちに老後の保障が十分かを準備しておくことをおすすめします。

退職後の生活は、経済状況と健康状態によって大きく左右されます。

会社員で退職金を受け取れる人や経営をリタイアするまでに退職金代わりの積み立てをしていて満期金を受け取れる人など、まとまったお金が入ってくる人もいます。

老齢年金・厚生年金の受給や個人年金の受給を開始したり、いままでの毎月の収支に変化があるときなので、受け取ったお金をいくらずつ切り崩していけば困窮せずに生活を維持していけるかを、できれば事前に予測してプランを立て、準備しておきましょう。

（綿引美智代）

★一口メモ★　加入している保険の内容を家族に知らせていますか？

もしもの場合に保障されることを家族が知らなければ、家族は保険金を請求できません。ご自身がどの保険会社のどのような保険に加入しているのか、保険金や給付金の受取人や指定代理請求人が誰なのかを家族に伝えておき、保険証券などは家族がわかる場所に整理しておくことで請求漏れを防げます。

※1　指定代理請求とは、被保険者本人に「特別な事情」がある場合に、被保険者に代わって保険金や給付金を保険会社に請求できる制度で、あらかじめ契約者が指定した人。特別な事情とは、1．傷害または疾病により保険金等を請求する意思表示ができないとき　2．治療上の都合により、傷病名や余命の告知を本人が受けていないとき　3．そのほか、1または2に準じた状態であるとき（保険会社によって条件が異なります）。

※2　傷病手当金とは病気やケガで4日以上仕事に就けなかったときに支給される給付金。支給総額は「直近1年間の標準報酬月額の平均額の30分の1」×「3分の2」×「支給日数」で計算されます。最長で1年6カ月間支給されます（「国民健康保険」は対象外）。

年齢によって削っていく保障項目は変わる

年齢や働き方によって、削っていける保障は主に次の２つです。

・死亡保障（亡くなった場合の生活費の備え）
・就業不能保障（働けなくなった場合の生活費の備え）

順に解説していきましょう。

死亡保障では家族構成と生活環境を考慮する

死亡保障は、万が一の場合に遺された家族が不自由なく生活していけるための必要保障額を保険で備えるというものです。

家族構成や生活環境によってさまざまです。

独身の場合は生活拠点が持ち家なのか賃貸なのかにもよりますし、老老介護も増えているので、もし親御さんを扶養して介護をしていたとしたら、死亡保障を残しておかなければ遺された親御さんは生活に困ってしまうかもしれません。

夫婦2人暮らしの場合は、遺された配偶者がそのあとも生活していくのに困らないかどうか考えましょう。男性だけでなく女性も死亡保障が必要なケースも増えてきました。

子どもがいる家庭の場合、稼ぎ頭が亡くなり、もう片方の配偶者が1人で子どもを育てていかなくてはならなくなります。「子育て世代」の段階からしっかり計画して、子どもが社会人になる年齢に達するまで（子どもが2人以上いる場合は末子の年齢に合わせ）保障でき、右肩下がりに削っていくと考えて保険設計をするのがベストです。ですので、生活に必要な保障額としての死亡保障は、生活環境をよく考えた上で、状況に応じて削っていってよいでしょう。

自由業、フリーランスは必須！　就業不能保障

就業不能保障とは、大病やケガで長期間入院したりして、身体が元気なときのような収入が得られなくなった場合に、毎月のお給料のように給付金が受け取れる保障です。

住宅を購入して銀行でローンを組むときに加入可能な団体信用生命保険というものがあ

りますが、この保険の支払い条件はなかなか厳しく、万が一のときに該当しない場合があります（がん宣告以外の脳血管疾患や心疾患の場合）。

団体信用生命保険の条件には該当せず、実際働けなくなって収入が減少してしまったときのため、就業不能保障は日々の生活費などをカバーする備えとしてとても大事です。

就業不能保障は、自由業、フリーランスの方、貯蓄が十分にない方は加入を検討することをおすすめします。条件や内容は保険会社によって異なりますが、契約可能な年齢は20〜60歳で、保険期間は最低10年という保険会社が多いようです。就業不能保障は働いている間の備えになるので、就業しなくなれば必然的に削っていってよいでしょう。

（綿引美智代）

何歳まで入れる⁉
高齢になってからの医療保険、がん保険、死亡保険

「満80歳」を意識して見直し、加入を

高齢から保険に入らなくてはならない状況に直面するとしたら、次のような理由が降りかかっているのではないでしょうか。

・途中で解約したため、無保険の状態
・そもそも保険に入っていなかった
・見直さないで放置していたので保障内容が古い
・共済や更新型の保険で満期が到来し保障がなくなった
・すぐに現金化できない不動産などが財産に多く、子どもの納税対策に死亡保険が必要

・お葬式や遺品、自宅を整理する際などにかかる費用で家族に負担をかけたくない　など

しかし、高齢になると次のような状況になります。

・高齢から保険に加入すると保険料がとても高い
・過去に大きな病気をしていたり、加入時の健康状態が悪かったりして加入できない
・75歳以上であれば「後期高齢者医療制度」で病院にかかっても窓口負担が原則１割で済む

十分な預貯金があって治療が長期にわたっても安心な状況であれば、保険は必要ないといえます。

加入する場合は、総合的に満85歳を超えると商品の選択肢が一気に減るので、遅くとも80歳前後までに検討をすることをおすすめします。

検討するポイントとしては次のようなことがあります。

1．公的な医療制度を理解する
2．公的医療保険で賄えない費用を確認し、保険で備えるか預貯金で準備するか考える

（賄えない費用とは、差額ベッド代・食事代・日用品代・お見舞いの人の交通費や先進医療・自由診療などの公的医療保険対象外の治療費）

3．加入の目的は何か？　保険料負担と生活費のバランスを考える

老後の預貯金額を医療費から考えよう

現実的に考えると、人口減少で年金財政が非常に苦しい状態にあることは事実です。今後、年金が減額されたり支給開始年齢が後ろ倒しになったりする可能性は高いのです。さらに多くの人が医療機関にかかる機会が増えることで、医療費の問題も出てきます。財政が破綻する可能性があることを考えると、高齢者の医療費自己負担が増えていくことは避けられそうにありません。

では、老後の医療費は一般的にどれくらいかかるのでしょうか。人によってそれぞれなのですが、目安として「生涯医療費」のデータが役に立ちます（左のグラフ）。統計によると、1人の人が一生のうちに使う医療費総額は2700万円となっています。

生涯医療費の約半分は70歳以降にかかるので、老後（70歳以降）の医療費は1300万

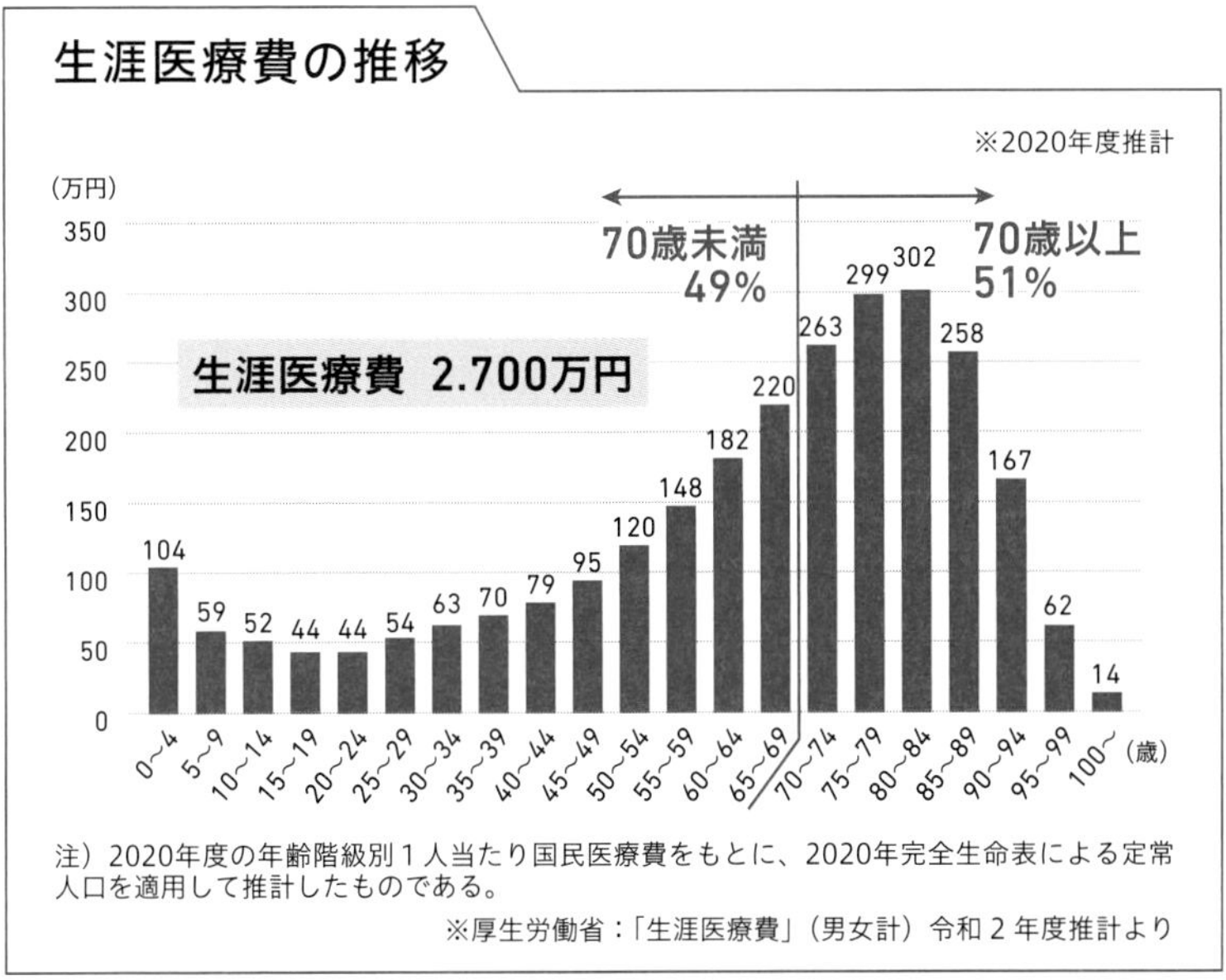
生涯医療費の推移
※2020年度推計
（万円）
350
300
250
200
150
100
50
0
70歳未満
49%
70歳以上
51%
生涯医療費 2.700万円
104
59
52
44
44
54
63
70
79
95
120
148
182
220
263
299
302
258
167
62
14
0〜4
5〜9
10〜14
15〜19
20〜24
25〜29
30〜34
35〜39
40〜44
45〜49
50〜54
55〜59
60〜64
65〜69
70〜74
75〜79
80〜84
85〜89
90〜94
95〜99
100〜
（歳）
注）2020年度の年齢階級別１人当たり国民医療費をもとに、2020年完全生命表による定常人口を適用して推計したものである。
※厚生労働省：「生涯医療費」（男女計）令和２年度推計より

円前後になる計算です。そのうち、自己負担は１〜３割（割合は年齢や所得に応じて決まります）なので、約２００〜４００万円前後です。

この先自己負担額が増えると仮定して４００万円前後の保障を準備しておけば大きく外すことはなさそうです。

選択肢が増えてきた医療保険

医療保険は、保険会社や保険商品によってさまざまですが、70〜80歳までの加入年齢制限がほとんどでしたが、最近では満85歳まで加入可能な商品が多くなってきました。

損害保険会社が取り扱う「実費補償型

（実際に治療にかかった費用を、かかった分だけ支払われる保険）」の医療保険で、満89歳まで加入可能な商品もあります。

また、高齢になると想定外のアクシデントによるケガが多くなります。

損害保険会社が取り扱う「傷害保険」はケガのみを対象としていますが、医療保険が入院しないと給付の対象にならないのに対し、打撲・捻挫や骨折などで通院しただけで対象となり、入院しなくても定額や部位別に給付金を受け取れます。

健康状態の告知や医師の診査も不要で満98歳まで加入可能な商品も出ています。

変化が激しいがん保険

「がん保険」はがん以外の病気については保障しません。がんに罹患しなければ保険料はかけ捨てて終わるのが基本です。

がん保険に単品で加入する選択肢のほかにも、医療保険に「がん特約」を付加することでがんの保障を厚くする方法もあります。

年々医学が進歩していて通院治療だけでがんを治療できる時代になってきて、がんの治療を目的とした通院だけで給付金が受け取れるなど、保障内容もどんどん新しくなっています。ですから、昔に加入したがん保険をそのまま継続していて安心していたら、保障がいまとは違っていたため、いざというときに給付の対象にならなかった！　ということもあります。

がん保険はそれだけ変化が激しいので、こまめに確認したほうがよいでしょう。

医療保険と同じく、損害保険会社が取り扱う「実費補償型」のがん保険もあります。

加入年齢によって異なる死亡保険

死亡保険は保険会社や保険の種類によって、加入年齢がさまざまです。主な目安としては次のとおりです。

・もっとも高齢で加入できる死亡保険は「一時払い終身保険」で【満95歳】まで
・平準払いの終身保険は【満85歳】まで
・少額短期の死亡保険は【満89歳】まで

持病があっても告知なしで加入できたり、がんに罹患し治療中でも入院中でなければ加入できたりする死亡保険も登場しています。
高齢になって死亡保険の加入を検討するポイントは2つあります。

（1）葬儀代がまかなえる

預貯金に葬儀代を残しておけば安心とはいい切れません。亡くなったことが銀行に伝わると口座は凍結されてしまいます。

遺産分割前でも1つの金融機関につき150万円を上限に故人の口座から引き出しが可能ですが、さまざまなトラブルのもとにもなります。

葬儀前に遺産分割協議をして相続手続きを終えることは不可能で、遺族の誰かしらが自分たちの貯蓄から葬儀代を負担する可能性が高いです。

死亡保険金は受取人を指定してありますので、遺産分割協議書を作成しなくても、必要書類※を取り揃えて保険会社へ請求すれば指定された受取人の口座に振り込まれます。葬儀代を負担した後でも比較的早いタイミングでまとまったお金を受け取れます。

（２）相続税の対策ができる

相続が発生すると、法定相続人は相続開始から10カ月以内に相続税を現金で一括納付しなければなりません。たとえば、預貯金よりも不動産の割合のほうが多く遺った場合、不動産を売却して現金をつくらなければ、法定相続人が納税資金に困ってしまう可能性があります。

生前にこれを予測して受取人を指定して死亡保険（終身保険）に加入し準備しておくことができます。

また、遺産総額が多額で法定相続人の納税額も多額になると予測し、生前に受取人を指定して死亡保険（終身保険）に加入しておけば相続財産を圧縮でき、納税額を減らすことができます。死亡保険金は相続財産に入らず、遺留分算定の基礎にもならず、さらに、死亡保険金のうち「５００万円×法定相続人の数」の額は非課税です。

（綿引美智代）

※　必要書類：所定の請求書、被保険者の死亡記載のある住民票、受取人の戸籍謄本（全部事項証明書）、または本人確認書類、医師の死亡診断書（死体検案書）の写し、保険証券など（保険会社により差異あり）。

知っておきたい保険の活用方法　3選

遺留分対策で揉めないようにする

遺言書で「すべての財産を○○に相続させる」と書いておいても法定相続人には「遺留分」という最低限保障される遺産の取得分があり、遺言は不公平だとして請求の権利を主張することができます（155ページ参照）。

たとえば、3人の子どもが法定相続人なのにもかかわらず、「すべての財産を長男へ」という遺言書であったり、妻や子どもがいるのに「すべての財産を愛人の○○へ」という遺言書であったりすると、たちまち遺留分を侵害し相続人同士で紛争になってしまう、というのが典型例です。

このようなことがないよう、一時払い終身保険や貯蓄型の生命保険に加入して遺産総額

そのものをできるだけ減らしておけば遺留分侵害額として主張できる金額を減少させられます（生命保険契約で支払った保険料は、民法上の相続財産ではなくなり、遺留分の計算から除外できるというものですが、無制限に認められるものではありません）。

また、事前に想定して遺留分の額を算出し、生命保険で受取人を適切に設定しておき、もしも遺留分侵害額請求を受けてしまった相続人が自分の手持ちのお金を負担しなくてもすむようにしておけば、受け取った保険金をそのまま遺留分侵害額の精算に使用できます。

遺留分の受け取り対象になるのは、配偶者、子ども、親（祖父母）の直系尊属のみで、兄弟姉妹が法定相続人になる場合は遺留分がありません。

意外と知られていない「リビングニーズ特約」

生命保険（死亡保障）に無料でつけられている**「リビングニーズ特約」**をご存じですか？

余命6カ月以内と診断された場合に、3000万円を上限として、**死亡保険金の全部または一部を生前に受け取ることができるというもの**です。自動的に付加されている場合もありますが、あとから付加することもできます。

契約している死亡保険金額の範囲で自分が必要な金額を請求でき、受け取ったお金に税金もかかりません。使いみちは自由なので、たとえば高額な治療やケアのための費用に使ったり、外出ができる状況であれば家族で旅行したり、自分がやり残していたことにお金を使ったりなど、残された時間を生き生きと過ごすために使えます。

利用できるのは1契約につき1回だけですが、たとえ6カ月以上生きたとしても、返金を求められることはありません。

ただし、死亡保険金には相続税の非課税枠（500万円×法定相続人の数）がありますが、「リビングニーズ特約」を受け取ったあと、使い切らず余って死亡した場合は、非課税枠が適用されませんので、余った分は相続財産に加算されて相続税の対象となります。

「リビングニーズ特約」の保険金を請求したとき、保険会社が保険金を支払う判断は、単なる「余命6カ月以内」という医師の診断書だけではなく、日本で一般的に認められた治療を施したとしても余命が6カ月以内である、ということが基準となります。たとえば本人が治療を望んでいないとか、医師の治療をせず別の療法を受けていることが理由で余命6カ月以内となったとしても保険会社が認めないこともあるのです。

もし生命保険に加入していたら「リビングニーズ特約」が付加されているか確認してみ

生命保険と生命保険信託の違い

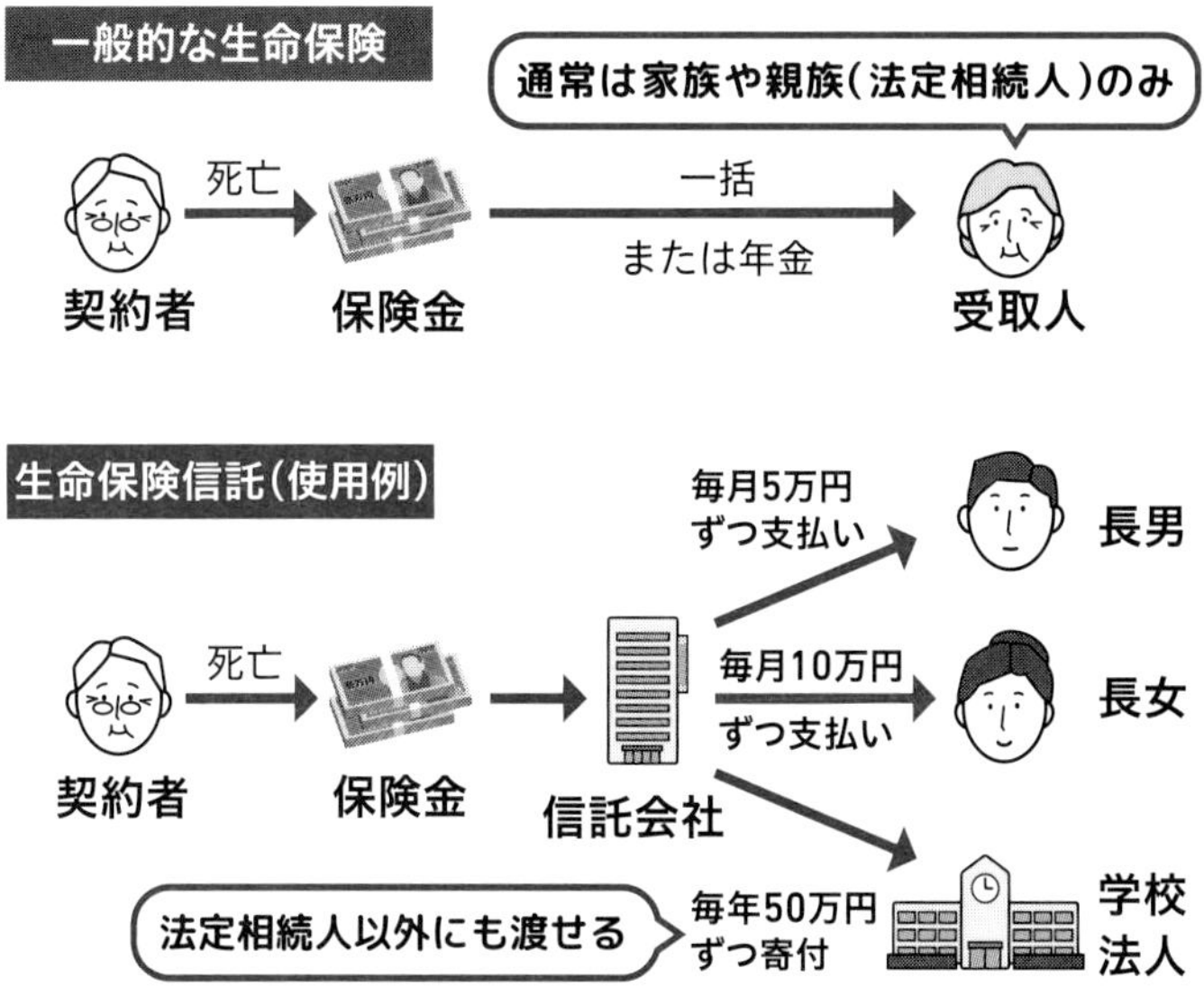
一般的な生命保険
通常は家族や親族（法定相続人）のみ
死亡
一括
または年金
契約者
保険金
受取人
生命保険信託（使用例）
毎月5万円
ずつ支払い
長男
死亡
毎月10万円
ずつ支払い
長女
契約者
保険金
信託会社
法定相続人以外にも渡せる
毎年50万円
ずつ寄付
学校
法人

ましょう。

保険金を管理してくれる生命保険信託

「生命保険信託」は、保険会社と契約者が取り交わした生命保険契約の死亡保険金を信託会社などが受け取り、受け取った保険金を管理しながら特定の人に渡せる仕組みです。

一般的に、生命保険の死亡保険金は定められた範囲の法定相続人にしか受取人を指定することができません。ところが、生命保険信託は生前にお世話になった親族以外の人に保険金でお金を残したいとか、お金の管理やお金を使うことが困難な障害者や認知症患者などに残したいという場合に利用できる制度です。

この制度を利用することができるのは限られた保険会社ですが、一般の銀行や信託銀行、信託会社でこの制度の需要が高まっています。

（綿引美智代）

第7章

80歳から お金に困らず どのように生きていくか

老後を諦めないで過ごすための「備え」

自分はどう生きてきて、これからどう生きていきたいか、そしてどのように自分の人生を終《しま》っていきたいか。

「終活」という言葉が流行していますが、一方で、「死ぬことを考えたくない」といった声や「最期のことばかり考えると気が滅入ってしまう」という声を聞くことも少なくありません。

また、「何から始めればよいかわからない」という声も本当に多く聞かれます。

人生に急ブレーキをかけて諦めたくないなら

ライフスタイルやみなさんを取り巻く環境は大きく変化していますし、先行きの見通しが立たなければ不安になるものです。

将来に対して漠然とした不安があると、多くの人は現状に急ブレーキをかけます。軽いブレーキではありません。急ブレーキです。

みなさんは、知らず知らずのうちにさまざまなことを控える行動をとっていませんか？

「万が一のときに備えて、とりあえずお金を貯めておこう」

「万が一のときに備えて、無駄遣いはしないようにしよう」

この世の中、わからないことや不安なことが多くあります。教育費、住宅ローン、入院や介護、年金制度の保障など、あれこれ心配ではあるけれど、どうしたらいいのかわからない。終活だけでなく、日常の生活においても、お金（財産）は大事なテーマです。

大切なことは自分のお金（財産）の現状を把握して、お金（財産）の健康状態を把握することです。なぜなら、現状を把握することで、不安が具体的になるからです。

「不安が具体的になるなんて、恐怖でしかない」。そう思う人がいるかもしれません。でも、大丈夫です。具体的な恐怖には、必ず対応策があるからです。対応策を実行すれば具体的な「備え」を形にすることができます。

「備え」を形にするとどうなるでしょうか？　きっと、いまと少し先の将来を大切にできるようになります。今と少し先の将来に時間とお金を使うようになります。

誰にでも自分にとって大切なことや人生に欠かせないものがあると思います。

人生は自分の描いたとおりにはいかないかもしれませんが、いつか人生には終わりが訪れます。「人生は一度きりで、人生には限りがある」。

誰しもその事実を理解していながら、時間は無限にあるように考えてしまいがちです。しかし、人生の最終段階が近づいてくると、残り時間が「砂時計の時間」のように尊いものになっていきます。

そうなる前に定期的に夢や将来のことを具体的に考えていきましょう。人生が豊かに思える瞬間が増えていきます。自分の人生を自分でデザインしていくのは、とても幸せなことです。

第三者の専門家を頼って「備え」の鮮度をはかろう

ライフプランやライフステージは変わっていくものです。法律や制度も変わります。自分を取り巻く環境が大きく変わっていきます。その中で、「備え」が自分の思いに合っているかを定期的に見直すことが大切です。

「備え」も鮮度があるのです。鮮度が落ちると万が一のときの備えになりません。

とはいえ、自分だけで考えるのは難しいかもしれません。専門的な知識が必要であることも多いからです。そこで、おすすめしたいのが財産管理に関する業務に強い司法書士（法律職）と共に考えるという選択肢です。

遺言書の作成支援や認知症対策、相続対策の仕組みづくりには、「人」「物」「金」「想い」の情報が必要です。親子だけでは話しづらいことでも、第三者が入って話をすることによって親子がお互いの思いを知り、より向き合えるようになることがあります。客観的に見える化できるようになるからです。

実際の相談現場でも、自身の通帳や保険の契約書類など、「物」「金」に関する資料を自ら進んで見せてくれる親世代が多いです。子どもからすると「そんなに踏み込むの⁉」と思われることがあるかもしれませんが、司法書士は躊躇なくそれらの情報を親に聞いていきます。なぜなら、それが財産管理業務であり、そのために必須の情報だからです。

もちろん、第三者が入ることですべてが解決するわけではありません。ですが、親子間の気がかりの解決の糸口にはなります。

法律職に相談するための第一歩がわからないという人も多いでしょう。親の気持ちを確認する方法に悩む人も多いもの。そんなときは、「今後のお金の管理についてどう考えているの？」ではなく、「今後のお金の管理について考えたことはある？」と「経験」を聞くのです。すると、聞かれた側の親にはマイルドに伝わることが多いようです。

「そうだね。物忘れも出てきているから、最近考えることがあるよ」といった答えが出てきたら、それは相談のサインです。「一度話を聞いてみない？」この問いかけで法律職に相談する扉が開くかもしれません。

お金（財産）の話は日常生活と切っても切れません。漠然としたままにするのではなく、自分自身で、ときには第三者を交えて具体的に現状を把握することを繰り返しましょう。そのサイクルが習慣になれば、自分に合ったライフプランニングを日々行っていくことが可能になります。

どのタイミングでどれくらいのお金を用意できているか、そういったことが明確になっていれば、いまと少し先の将来に時間とお金を使えるようになります。いまに急ブレーキをかけるのではなく、自分が大切にしていることに「時間」を「お金」を使えるようになると人生の色合いも変わってくるでしょう。

（福村雄一）

司法書士が関与するライフステージごとの法律を使った仕組みづくり

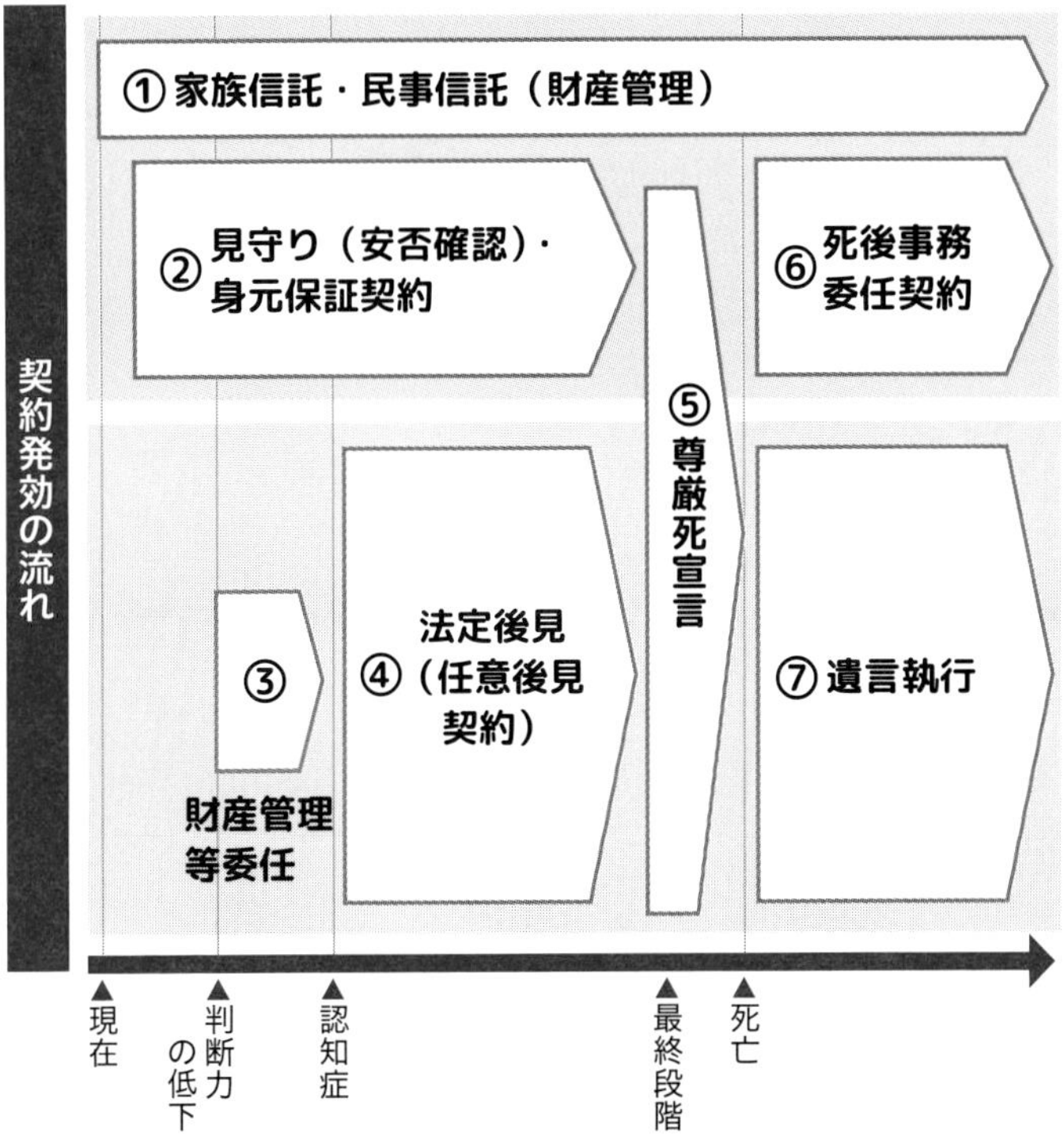
契約発効の流れ
①家族信託・民事信託（財産管理）
②見守り（安否確認）・身元保証契約
⑤尊厳死宣言
⑥死後事務委任契約
③
財産管理等委任
④法定後見（任意後見契約）
⑦遺言執行
現在
判断力の低下
認知症
最終段階
死亡

①財産を信頼できる人に託して、管理・運用・処分してもらう仕組み

②定期的な連絡や訪問での安否確認、緊急連絡先、身元保証

③生活、療養看護、財産管理事務を代理してもらう

④認知症になったときの財産管理や契約手続き

⑤自らの考えで、尊厳死を望む、延命措置を行わない、または中止するなどの宣言

⑥葬儀や納骨、遺品整理、諸契約の解約や精算

⑦遺産の承継、債務の返済

「縁起でもない話」を笑えるうちにしておこう

相続は「争続」

相続を見据えたお金（財産）の相談を受けたとき、現場でよく聞かれるのが「できるだけ家族に迷惑をかけたくない」という言葉です。一方で、「うちは揉めないから子どもたちに決めてもらえばいい。うちにはそんな大した財産もないから」というやりとりも本当によく聞きます。家族に迷惑をかけたくないと願う一方で、先々のことは自分ではなく、子どもたちに決めてもらうという光景がよく見られるのです。

はたして本当に迷惑はかからないでしょうか？　結論から言うと、迷惑がかかります。

また、**揉めない、揉めないという家庭がいちばん揉めます**。

明日は我が身というのが相続トラブル＝「争続」の特徴なのです。

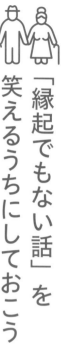

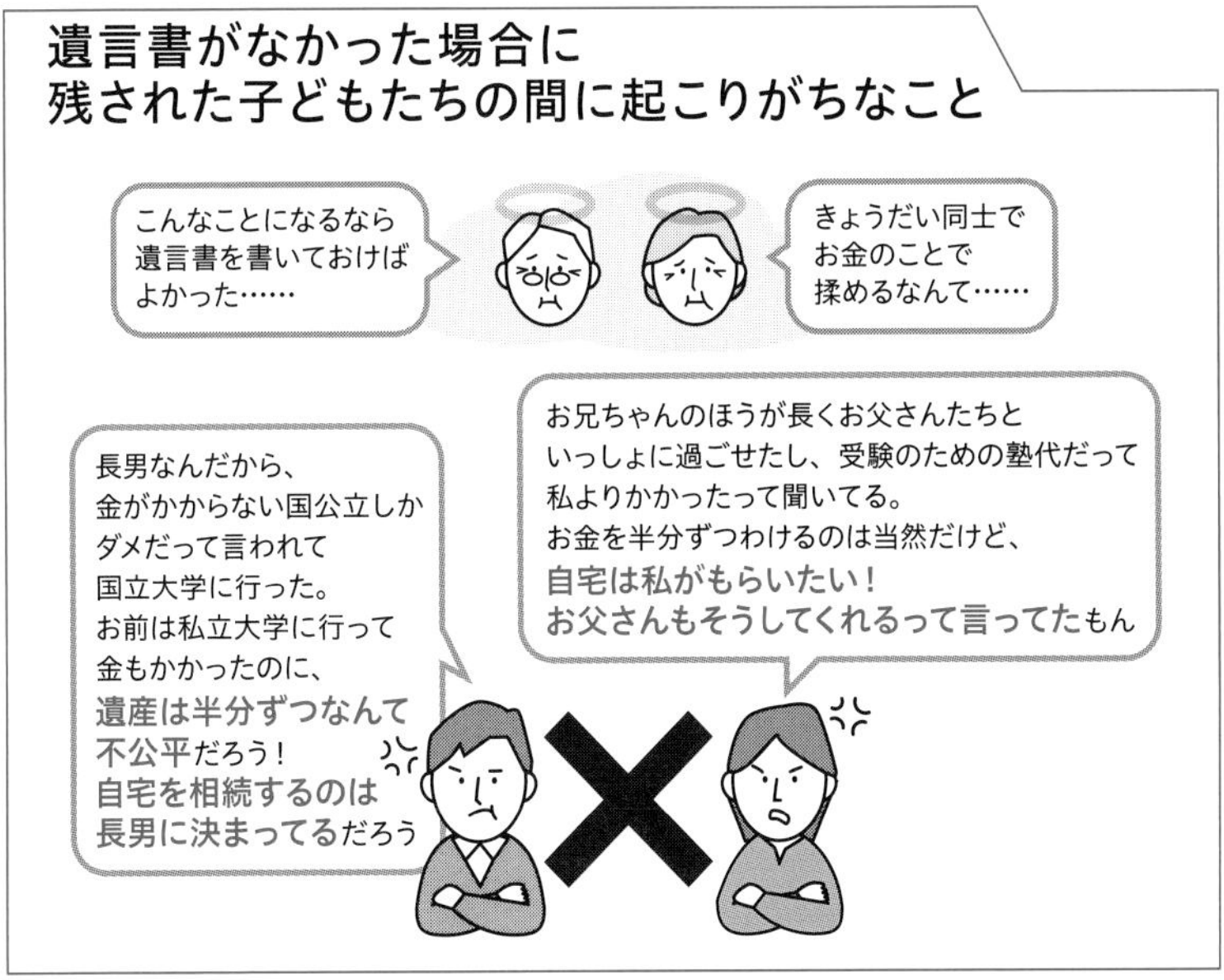
遺言書がなかった場合に
残された子どもたちの間に起こりがちなこと
こんなことになるなら遺言書を書いておけばよかった……
きょうだい同士でお金のことで揉めるなんて……
お兄ちゃんのほうが長くお父さんたちといっしょに過ごせたし、受験のための塾代だって私よりかかったって聞いてる。お金を半分ずつわけるのは当然だけど、自宅は私がもらいたい！お父さんもそうしてくれるって言ってたもん
長男なんだから、金がかからない国公立しかダメだって言われて国立大学に行った。お前は私立大学に行って金もかかったのに、遺産は半分ずつなんて不公平だろう！自宅を相続するのは長男に決まってるだろう

仲がよいのは親がいる間だけ、ということもあります。親が意思を表明してくれていれば従うけれど、それがなければどうなるかわかりません。親の意思表示があることが、残された子どもの道しるべになるのが相続なのです。

そうならないようにするためにはどうすればよいでしょうか？

答えはズバリ、縁起でもない話をすることです。

確かに、日本ではお金（財産）の話はしにくいテーマだと思います。ですが、「縁起でもない話」は、縁起でもないと言えるうちにしかできません。前もって話をする機会をもてば将来の方向性や内

容の幅は決まってくるものです。

そして、財産をもつ本人がお金（財産）を渡せるように、使えるように対策しておくことが大切です。生前だけでなく、死後もそうです。どちらの場面でも、使えるように、渡せるようにしておくことが大切です。

当たり前だが、おカネは使えなければただのムダ

本人の名義のお金（財産）は、たとえ家族であっても、本人の承諾なく自由に管理したり、処分したりすることはできません。家族のなかで合意ができていたとしても、家の外に一歩出たとき、家族の合意が第三者に通用するかどうかは別問題です。

たとえば、本人以外が金融機関の窓口に出向いたとき、本人の年齢や金額によっては引き出しや振込みができないように、家族のルールと社会のルールの間には、大なり小なりギャップがあるものです。迷惑をかけたくないと思っていても何も対策をしていないと、将来このギャップの差に苦しむことになるのです。

認知症などで預貯金が凍結してしまうこともあるでしょう。遺言書がなく、相続人全員による遺産分割協議が必要となってしまったということもあります。

いざというときに困らないように、生きている間のお金（財産）を使えるようにしておき、相続が起きたときにお金（財産）を渡せるようにしましょう。

備えるために今のうちにできることは、任意後見契約、遺言書の作成といったことです。これらを利用することで、自分自身の判断能力が低下してもお金（財産）を使える状態のまま保つことができます。

何もしないという選択肢もあることにはあるが……

死後、つまり、相続が起きたときにお金（財産）の移動で困らないようにするには、遺言書を作成することが大切です（第5章参照）。遺言書があれば、誰に・何を・どれだけ渡すのかがハッキリします。相続が起きたときにスイッチを入れて、スムーズにお金（財産）を渡せるようにすることができるわけです。

何もしない、というのが実際にもっとも多い選択肢だと思いますが、何もしないことになんらかのリスクがあるとすれば話が違ってきます。

認知症になっていたり、相続の話がまとまらなかったり、いざというときに使えない、渡せないといったリスクがあるのがお金（財産）です。法律を使った仕組みづくりをしておけば、お金（財産）に関するリスクを低くすることが可能です。

どんな対策が必要になるかは個別事情によって変わってきますが、お金（財産）の健康状態を保っておくことが助けになります。

貯めることも大切ですが、そこにあるのに使えない、渡せないという本末転倒な状況に陥らないように、流動性を高めておくのがよいでしょう。

（福村雄一）

お金の「鮮度」を保つエンディングノート

相談現場で多いのが、自分の財産や保険の中身を詳しく把握していない人です。「保険の担当者の子からすすめられてね。必要かって言われたらどうなんだろうね」といったように、過去の仕事や人間関係の義理で入った保険や購入した金融商品をずっともっている人も多いのです。

使う場面や金額を具体的にイメージしてお金（財産）を貯めている人は少ない印象があります。つまり、漠然とした不安が大きいので、**「とりあえず」貯めてはいるけれど、その中身や金額は詳しくは知らない**という人が本当に多いのです。

1円単位とまではいいませんが、どの銀行にお金がどれだけあって、どんな保険をかけていて、家を処分すれば相場がどれくらいかを把握しておくことが大切です。

なぜなら、それが自分のライフプランニングに直結するからです。**元気なうちから自分**

の価値観や人生観にしたがっていまを積み重ねていく（ＡＬＰ アドバンス・ライフ・プランニング）という考え方です。

人生の夢の実現がＡＬＰ

第2章で解説した「人生会議（ＡＣＰ）」が、病気を発症した後で「どこでどのような医療・ケアを受けたいか」や「もしものときに受けたい医療と受けたくない医療は何か」を考えるものだとすると、ＡＬＰはもっと手前の健康なときから人生観や死生観を元に「自分は何を大切にしているのか」「どのような人生を歩みたいか」について考えるものです。

それは子どものころに描いた将来の夢と同じですし、年齢を重ね「○○という仕事について、△△といった形で社会の役に立ち、年をとったときにこういうことをして生きていきたい」という、人生のプロセスまでを包含する考え方なのです。

憧れ描いた夢と実際は違うかもしれません。だからこそ、何度も繰り返し軌道修正、プランニング（計画を立て続ける）する必要があります。できる限り自分の思い描く人生に近づけていく、人生設計ともいわれるのがＡＬＰなのです。

ACPの外側にあるもの

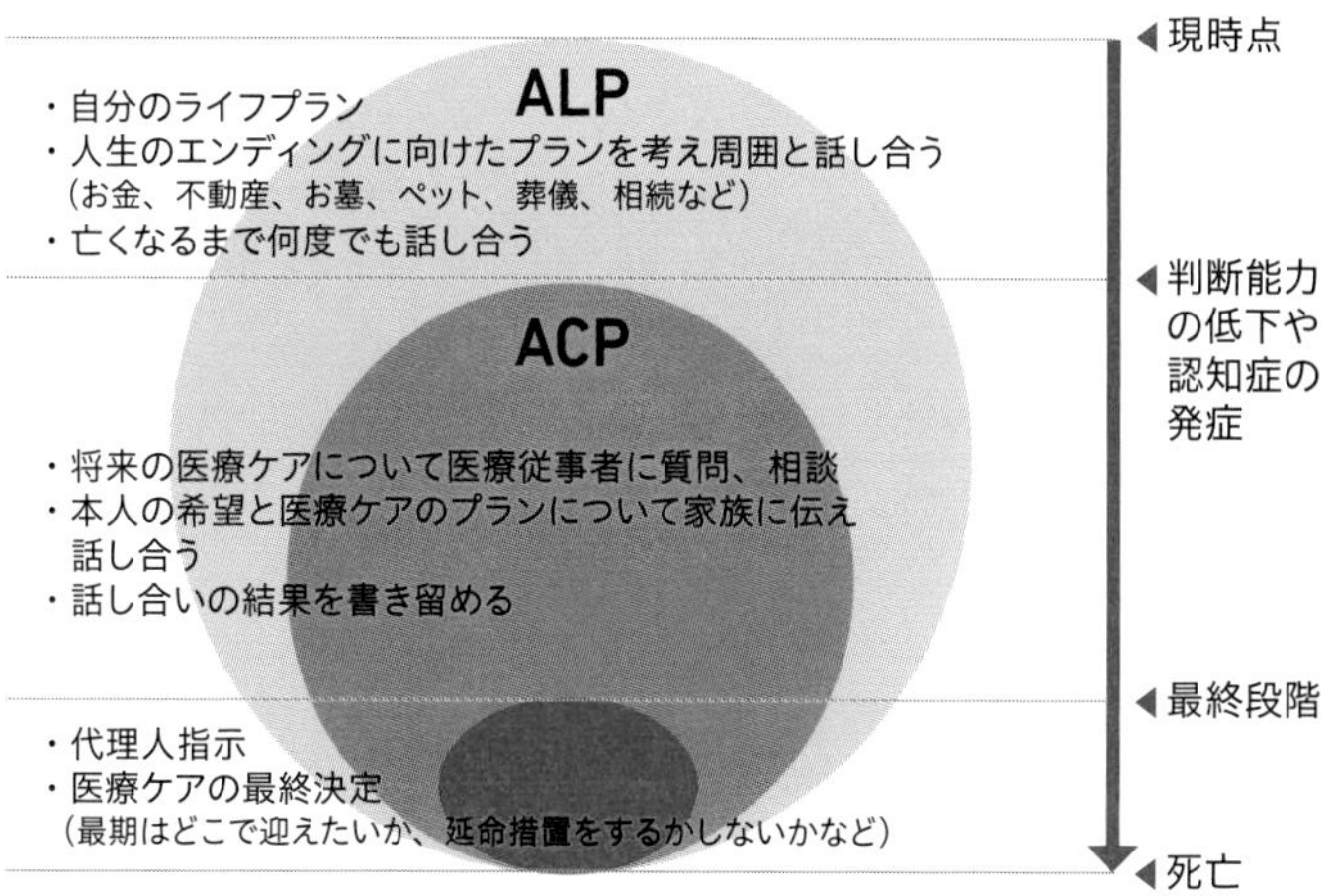
ALP
・自分のライフプラン
・人生のエンディングに向けたプランを考え周囲と話し合う
（お金、不動産、お墓、ペット、葬儀、相続など）
・亡くなるまで何度でも話し合う
ACP
・将来の医療ケアについて医療従事者に質問、相談
・本人の希望と医療ケアのプランについて家族に伝え話し合う
・話し合いの結果を書き留める
・代理人指示
・医療ケアの最終決定
（最期はどこで迎えたいか、延命措置をするかしないかなど）
現時点
判断能力の低下や認知症の発症
最終段階
死亡

ＡＬＰは40代からでも早すぎない

年代によって日常生活にかかるお金の金額は変わってきます。

ところが、高齢になればなるほどこれを把握するのが難しくなっていきます。

ペーパーレスの時代でもありますし、各種相談窓口はフリーダイヤルやインターネット、チャットでの問い合わせがメインになってきています。40〜60代なら何とかついていけたことでも、80代以上になってそれらを使いこなせる高齢者は少数派でしょう。

将来困りごと（危機）に直面したときに、どこに何があるかわからないといったことになると、本人はもちろん関係者を困らせることになります。

80代がまだまだ遠い40〜60代のうちから、自分の人生設計を考え、自分のお金（財産）に関する情報の「鮮度」を保っていく必要があります。

人生の棚卸《たなおろ》しのススメ

では、どのようにすれば新鮮な状態を保っていけるでしょうか。

①お金（財産）の種類を減らす
②定期的にくるお知らせや、ライフイベントを活用する
③エンディングノートを棚卸し表にする

といった方法があります。
具体的に説明すると次のような方法です。
①いくつももっている銀行口座をメインの生活口座＋1口座に減らすといったことで、金額や内容を把握しやすくなります。保険の中身を見直したりして、本当に自分に必要だと

思うものだけに絞っていくことは鮮度を保つ上で大切な視点です。

②保険契約内容のお知らせ、ねんきん特別便のように、定期的に自分の手元に届くタイミングで見直しをするのもおすすめの方法です。毎年毎年同じタイミングになるので、比較がしやすいからです。お正月や健康診断といった日常生活のライフイベントを積極的に活用することで鮮度を保つことができます。

③どんな情報を最新に保っていればいいか悩む人におすすめなのが「エンディングノート」です。終活の代表ツールとして有名になりました。法律的な効果はありませんから、エンディングノートが第三者に対する拘束力をもつことはありません。

ですが、エンディングノートを書けば、高齢者の日常生活と死後のことについて必要な事柄を確認することができます。不動産、預貯金、株式その他の金融商品といった資産だけではなく、病気のこと、かかりつけの医師や病院のこと、薬のことなど高齢者の日常生活と関わりの強い事柄ばかりです。

終活という視点で見れば、暗いイメージをもつ人がいるかもしれませんが、お金（財産）に関する棚卸し表として活用することもおすすめです。一から調べてオリジナルをつくるより費用対効果が大きい優れものです。

自分のライフプランは自分でデザインする

漠然とした不安は、解像度を高めることで具体的な恐怖になります。ドキッとされた人もいるかもしれませんが、恐怖には対策法があります。お金（財産）に関する仕組みを知ること、そして対策を実行することが大切です。

万が一のときのためのお金（財産）を貯めていたのに、それを使わずに亡くなる人をこれまでたくさん見てきました。それでも十分幸せな人生を過ごされたかもしれません。ですが、亡くなったときの残高がいちばん多い、という人生は、本当にいちばん幸せな人生といえるでしょうか?。

人間は誰しも必ず死にます。

いつそのときが来るかはわかりませんが、自分のライフプランを自分でデザインすることはいまを大切に生きることにつながります。

少しでも自分らしいお金と時間の過ごし方をしていくために、ぜひお金（財産）に関する情報を知って、実践を重ねていきましょう。

（福村雄一）

80歳からの終活では遅すぎる

「終活」は多くの人が知っている言葉でしょう。

では、終活は何歳から始めるものでしょうか？　終わりの活動という文字から、人生の最終段階が近づいてから行うものという印象をもつ人も多いかもしれません。「人生100年時代」といわれるほどの超高齢化社会の日本ですから、80代から始める終活も珍しくありません。

しかし、残念ながら人生の最終段階では、自分の思いをしっかりと伝えることができなかったり、考える力、伝える力が弱くなったりしていることも多いのが実情です。終末期段階では、意思決定できなくなる人の割合は約7割にのぼるという調査結果※もあります。

そうすると、人生の最終段階が近づいてから終活をスタートしていては、自分自身で選択できなくなる可能性が高くなります。仮に自分自身で選択できたとしても、それらは満足のいく選択ではなく、対処療法に近い選択になってしまっている可能性もあります。消去法による選択といったイメージです。

人生の最後を消去法にしないためにできること

「老後2000万円」の報道などを見ると、将来への不安から、財産（お金）をたくさん貯めておかなければならないと考えている人は多いでしょう。

しかし、人生の最終段階が近づくにつれて、体力や判断能力は低下していくのが一般的です。若いときと同じようにはできません。

自分の人生を豊かにするために貯めた財産（お金）も、使える場面が限られていきます。たとえば、旅行好きの人であっても、80歳、90歳となって、年に何度も国内外の旅行をすることは難しいでしょう。

若いときと同じようにはいかない、その事実は多くのみなさんが認めるところだと思います。であるならば、自分自身が今大切にしていることを知り、いまに時間とお金を注いでいくことに大きな価値があるといえます。将来に先送りすることなく、いまを生きることが大切ではないでしょうか。

余命半年をイメージしてみよう

あなたは「余命半年」の宣告を受けました。
手元には現金1,000万円あります。
このお金をどう使いますか？　目を閉じてイメージしましょう。

自分のために使うとしたら、どんなふうに使いますか？目を閉じてイメージしましょう

旅行に行こうか、最後の贅沢で高級車を購入しようか、最期の時間を過ごすために自宅をリフォームしようか……

では、自分以外のために使うとしたら？目を閉じてイメージしましょう

家族や大切な人に使おうか、NPOや母校、自治体などに寄付してもいいかも

↓

自分のために使う1,000万円と、自分以外に使う1,000万円のお金の価値は同じでしたか？

自分のために半年間で1,000万円は使い切れない。でも自分以外のために使うと思うと1,000万円じゃ足りない

人生の最期にお金をどう使うか、もう一度考えたい

あなたはどう思いましたか？
今、あなたの心にある思いこそが、
あなた自身の価値観であり、
最期にあなたがしたいことなのです。

余命半年で、自由に身体が動かせるのは４カ月
1,000万円÷４カ月＝250万円
１日 8万円
みなさんはどんな使い方をしたいですか？

貯めることより生きているうちに使うこと

将来への漠然とした不安から、とりあえずお金（財産）を貯めるという選択も理解できます。しかし、先々のことを想像し、将来をはっきりと見えるようにすることで、今そのときの自分にとって大切なことのためにお金（財産）を使うことができます。

お金（財産）の話はどこかタブー視されるところがありますが、お金（財産）の話は自分自身の人生を豊かにするうえで切っても切れない話です。

積極的に自己選択していくためにも、知っておきたいのがお金（財産）の話です。

そして、**早ければ早いほど将来のメリットが大きくなるのがお金（財産）の話**なのです。

言葉のイメージから、終活はどうしても人生の最終段階が近づいてから準備し始める印象がありますが、まったく逆です。お金（財産）のことを知り、**早くから自分自身で選択する体験を積み重ねていく先にあるものが終活**なのです。

いかに生きているうちに、活きたお金（財産）の使い方をするか。

前ページのように

1日8万円を使うとすると、いまでしょうか？

人生の最終段階が近づいてからでしょうか？

貯めることよりも、使えるようにしておくことが大切だという意味はみなさんに伝わったのではないかと思います。

あとはみなさんの価値観次第です。

ぜひ、自分のために使えるように、渡せるようにしましょう。

（福村雄一）

※ M. J. Silveira, et al.: Advance Directives and Outcomes of Surrogate Decision Making before Death. N Engl J Med 2010;362:1211-1218.

素朴なギモンにお答えします

巻末付録

Q

親が認知症を発症して「判断能力ナシ」と判断された場合、親の預金を下ろすにはどうすればいい？

A

親がまだ判断能力がある時点で預金の管理を任されていたり、親子で任意後見契約を結んでいたりしない限り、家庭裁判所に法定後見制度の利用を申し立てる必要があります。裁判所によって選任された後見人が財産管理の一環として預金を下ろすことになります。

Q

軽い認知症の親の頼みでキャッシュカードを預かり、親のお金の出し入れをしているが、これって厳密には罪？

A

親が管理を託しているのであれば、法的に問題はありません。子どもに自分の財産管理を委任していることになるからです。ただ、親から頼まれていないのに、子どもが勝手にキャッシュカードと暗証番号を管理することは注意が必要です。たとえ親子であっても親の財産を自由に使うことはできないからです。

Q

任意後見人となったが、親の事務報告があまりにも負担。かといってプロに頼むお金もない。報告を簡易にできる方法はない？

A

報告を簡易にする方法はありません。任意後見人の報告は通常は３カ月に１度といった形となり、任意後見監督人から求められたときに報告する義務があります。

終活のお金問題

Q

親が亡くなって知ったが、住んでいた自宅がすでに亡くなっている祖父の名義のままだった。相続に関係する親戚の中にも亡くなった人がいた。この場合、自宅はどうなるの？

A

祖父が遺言書を残していなければ、自宅は法定相続分で共有とするか、遺産分割協議を行って自宅の名義人を決めることになります。遺産分割協議がうまくまとまらない場合、住み続けることの権利関係が複雑になったり、いざというときに自宅全部を売却することが難しくなったりします。

Q

身寄りが誰もいない場合、死後のもろもろの支払いや事務的手続きを、遺言書で最期を過ごした病院に頼むことはできない？

A

専門外になるので、病院に依頼することは現実的ではありません。司法書士などの法律専門職に死後の事務手続きを委任（死後事務委任契約）し、遺言書で遺言執行者を指定し、その遺言執行者が支払いなどの手続きを行うと書き残しておくことが必要になります。元気なうちに遺言書と死後事務委任契約をセットで用意しておくことが大事なのです。

Q

年老いた母とは何度も人生会議を行ったが、認知症を発症してから、これまで話し合ってきたことをすべて否定しきた。この場合、どれが「本人の意思」になるの？

A

とても難しいお話です。否定することが認知症によるものなのか、母の意思によるものなのか、見極めることが大切になりそうです。医療職や介護職とともに、繰り返し「本人の意思」を確かめていくことになるでしょう。

Q

いわゆる「毒親」で疎遠となっていた母親が亡くなったが、貯金もなく、保険にも入っていなかった。この場合、親の死にかかわる費用は子どもが支払う義務があるの？

A

いわゆるマイナスの財産も相続の対象となります。家庭裁判所で相続放棄の手続きをとれば支払い義務はありませんが、相続放棄の手続きをとらなければ、たとえ疎遠になっていたという事情があっても支払い義務を負うことになります。相続放棄の期限は相続の開始を知ってから３カ月以内と決まっていて、それを過ぎると放棄はできなくなります。

Q

いわゆる「おひとりさま」で、頼れる親族もいない。だが、自分が亡くなったあとのペットの行く末が心配。自分が生きているうちにしておくべきことはある？

A

亡くなった後に世話をしてくれる人や団体を探しておくことが大切です。その上で、その人たちに対してペットとお金を寄付（遺贈）する旨の遺言書を作成しましょう。ペットは法律的には動産にあたり、財産なのです。遺言書に新しい所有者を記載して、大切なペットの一生を守りましょう。

◆用語と主な紹介ページ（五十音順）

編著
福村　雄一（ふくむら ゆういち）
司法書士・東大阪プロジェクト代表
司法書士法人福村事務所　代表司法書士

2006 年：神戸大学法学部卒業
2011 年：司法書士登録（大阪司法書士会登録第 3999 号）
2019 年：一般社団法人民事信託監督人協会理事就任
2021 年：一般社団法人おひとりさまリーガルサポート理事就任
2022 年：大阪大学社会ソリューションイニシアティブ（SSI）基幹プロジェクト外部協力者就任

共著書：『ACP と切っても切れないお金の話』日経 BP、2022 年

「縁起でもない話をしていこう」をキャッチコピーにお金の ACP（人生会議）を実践する司法書士。ライフケア業務（遺言作成支援、死後事務委任契約、任意後見契約、家族信託、遺産承継業務など）に取り組む。

医師会、地方自治体、医療介護関係者から多くの講演依頼を受け、医療・介護分野とお金（財産）の話が「切っても切れない関係」にあることを発信している。

拠点の 1 つである東大阪市において、多職種が「顔の見える関係」を構築することで住民の困り事を解決することを目指す「東大阪プロジェクト」の代表をつとめる。

相続・遺言・介護の悩み解決　終活大全

2024 年 6 月 4 日 第 1 刷発行

編　　者　福村雄一
発 行 人　山本教雄
編 集 人　向井直人
発　　行　メディカル・ケア・サービス株式会社
〒 330-6029 埼玉県さいたま市中央区新都心 11-2
ランド・アクシス・タワー 29 階
発行発売　株式会社 Gakken
〒 141-8416 東京都品川区西五反田 2-11-8
印　　刷　株式会社共同印刷

この本に関する各種お問い合わせ
- 本の内容については、下記サイトのお問い合わせフォームよりお願いします。
  https://www.mcsg.co.jp/contact/
- 在庫については Tel 03-6431-1250（販売部）
- 不良品（落丁、乱丁）については Tel 0570-000577
  学研業務センター 〒 354-0045 埼玉県入間郡三芳町上富 279-1
- 上記以外のお問い合わせは Tel 0570-056-710（学研グループ総合案内）